财政部规划教材

U0819634

银行会计实务

主　编：张瑞梅
副主编：谢翠玲　段志群
参　编：吴　双

中国财经出版传媒集团
中国财政经济出版社

图书在版编目（CIP）数据

银行会计实务/张瑞梅主编．—北京：中国财政经济出版社，2022.8

财政部规划教材

ISBN 978－7－5223－1494－5

Ⅰ.①银…　Ⅱ.①张…　Ⅲ.①银行会计－教材　Ⅳ.①F830.42

中国版本图书馆 CIP 数据核字（2022）第 103422 号

责任编辑：钱红叶　　　　责任校对：唐　堂

封面设计：卜建辰　　　　责任印制：张　健

银行会计实务

YINHANG KUAIJI SHIWU

中国财政经济出版社 出版

URL：http：//www.cfeph.cn

E－mail：cfeph@cfeph.cn

社址：北京市海淀区阜成路甲 28 号　邮政编码：100142

营销中心电话：010－88191522

天猫网店：中国财政经济出版社旗舰店

网址：https：//zgczjjcbs.tmall.com

中煤（北京）印务有限公司印刷　各地新华书店经销

成品尺寸：185mm×260mm　16 开　15.75 印张　316 000 字

2022 年 8 月第 1 版　2022 年 8 月北京第 1 次印刷

定价：48.00 元

ISBN 978－7－5223－1494－5

（图书出现印装问题，本社负责调换，电话：010－88190548）

本社质量投诉电话：010－88190744

打击盗版举报热线：010－88191661　QQ：2242791300

前 言

银行会计实务是金融服务与管理专业核心课程，是“金课工程”的百分之一，是省内“双一流”专业群会计（现代金融业）专业群建设的重要课程。遵循职业院校产教融合与改革创新，凝心聚力、攻坚克难、锐意进取的旨要，课程按照人才培养需求的“育训结合、德技并修、创新创业”的项目模块化课程体系，实现人才培养课程体系与企业岗位标准体系的精准对接。根据学校“全力打造金课，制定金课认定标准和实施办法，教材使用和管理办法，完善课改机制，开发、出版特色教材”的要求编写。本课程以工作过程、流程为导向，以项目、任务为驱动，按工作过程、流程形成应用性教学体系。教学内容强调能力本位、任务驱动、理论实践结合，“教、学、做”一体化；课程内容安排循序渐进，首先是银行会计基本理论，其次是商业银行对私、对公业务处理，再是金融机构的往来业务处理，最后是银行会计账务系统及报表处理。本教材在编写过程中以我国现行的商业银行会计的法规、制度为依据，全面、完整、系统地反映了商业银行会计核算，每一个模块后面都有活动练习题，在设计上突出了对学生实际技能的培养。

本教材由长沙商贸旅游职业技术学院张瑞梅老师担任主编，负责总体框架设计，长沙银行股份有限公司经理雷世铭，农业银行股份有限公司邵阳分公司经理岳芷先担任行业指导专家。张瑞梅编写项目四、项目六、项目七，段志群、吴双编写项目一、项目二，谢翠玲编写项目三、项目五。教材针对会计、金融专业学生的培养目标、知识结构和能力要求安排教学。全书理论简洁够用，着重培养学生的动手能力，在内容上力求及时新颖，实例充分，阐述清楚；在编写手法上既考虑教师的教学要求，又方便学生学习、掌握和记忆。

本教材可作为高职高专、各类成人教育、自学考试用教材，也可作为金融企业会计培训、银行从业资格证考试以及广大财务人员的学习用书。本教材为用书学校准备了习题答案，如有需要，请以电子邮件形式向中国财政经济出版社索取（请注明学校、全书名称、ISBN、版次）：Email：caijingjiaocai@163.com。

本教材在编写、出版过程中得到了社会各届的大力支持，在此表示衷心的感谢！

编者

2022 年 6 月

目 录

项目一 银行会计基本理论

项目二　个人存款及结算业务处理

项目三　个人贷款业务处理

项目四　单位存款及结算业务处理

项目五　单位贷款和贴现业务处理

项目六 金融机构业务往来核算处理

项目七 账务报表业务

项目一

银行会计基本理论

【学习目标】

了解银行会计的概念、对象。

◆

掌握银行会计的特点与任务。

◆

理解银行会计科目核算内容，

掌握借贷记账法在银行的运用。

◆

熟悉银行会计的核算流程。

模块一　会计基本理论

相关基础知识

一、会计的产生与发展

会计是一种社会现象，产生于社会生产实践的发展和经济管理的需要，并随着经济的发展和管理要求的提高而不断发展和完善，早期的会计主要职能就是记账和算账，随着生产发展和社会进步，人类经济活动的范围不断扩大，内容不断增多，人们对经济效益的关心和重视程度也不断增强，会计逐渐地“从生产职能中分离出来，成为特殊的专门委托的当事人的特殊职能”。会计的核算、监督方法和技术也逐渐由低级到高级、由粗到细、由简单到复杂地日臻完善和健全起来，其管理经济的作用也逐渐显著、逐渐增大。到了21世纪20年代，随着行为科学、系统论、决策论、控制论、运筹学等学科的发展和在经济活动中的广泛应用，管理科学得到了迅速发展，会计的管理职能得到了进一步拓深、丰富和发展。特别是电子计算机在会计中的运用，使得会计具备了计划、决策、核算、监督、控制、分析和考核等多种功能，现代会计已成为管理经济活动的重要手段。会计工作的领域更加扩大，地位和作用更加提高并得到加强和发挥，会计的内容、形式、方法和手段更加完善和充实。会计已不单单是事后的记账、算账、报账，而是与企业管理全过程血肉相连、密不可分。会计工作的着重点已从事后向事前、事中转移。它既有资金运动过程的财务核算、财务监督和经营过程的事后反馈，也有事前的参与决策、提供决策数据和编制预算等。

会计在对经济业务进行核算和反映时，已经形成了一整套特有的方法。并严格按照规定的手续和程序进行。另外，会计在监督、管理经济行为的过程中，还要运用分析和检查的各种专门方法，借以充分发挥会计对经济行为过程进行科学、严密地反映和控制等职能。同时，会计对经济活动的反映具有综合性、连续性、系统性和全面性，能够为人们了解和管理经济过程及其结果提供科学、有用的经济信息。

综上所述，会计可以概括为：以货币为主要计量尺度，运用一系列特有的方法，从量的方面对经济活动过程的价值运动及其结果进行连续、系统、全面、综合地核算和监督的一种管理活动。

二、银行会计的特点、对象、任务与作用

银行会计是指以货币为主要计量尺度，运用特定方法，对银行业务活动和财务活动的过程和结果进行全面、系统、及时和连续地记录、核算、监督、分析与检查的一项管理活动，是银行业务活动和管理活动的基础性工作。由于银行经营的业务主要是货币收付和资金划转，因此，金融企业会计主要是以货币为计量尺度的会计核算。所谓运用特定的方法是指银行会计在操作中所运用的方法，主要以核算方法为基础，还包括监督方法、分析方法和检查方法等。正是通过这些方法来组织、监督和实现各项业务，反映计划、政策执行和业务活动情况，并对会计信息资料进行分析研究。银行会计也是一种经济管理活动，这是现代会计的共同特点和重要性质。当然，强调它的管理功能，并不是弱化其技术性工作。相反，管理活动要求越高，对技术性工作的依赖就越强，没有具体技术性工作，就没有会计的管理功能。例如，信贷政策、现金收付以及财务计划的考核，需要会计提供数据；信贷资金及汇差资金的管理与调拨，需要会计来完成等。

（一）银行会计的特点

银行作为经营货币和信用业务的特殊企业，在经营对象、资金结构、经营方式、运行机制和管理要求等方面存在一定的特殊性，从而使得现代金融企业会计从核算制度到管理要求既具有现代企业会计的共同特点，又表现出自己独特的“个性”。其特点主要有以下几方面：

1. 具有综合反映国民经济资金运动情况的特点。银行是国民经济资金活动的中心和枢纽，综合反映国民经济各部门的经济活动及其资金营运情况，具有社会“公共簿记”的作用。金融企业会计可以通过记账、算账、报账和用账，充分体现整个国民经济的资金活动情况，成为反映国民经济资金运行状况及其效益的“寒暑表”，这是其他行业会计所不能做到的。

2. 银行会计主要核算对外业务，具有涉及面广、政策性和社会性强的特点。银行会计在办理核算业务过程中，除了要核算自身的经营活动情况外，还要核算对外业务的资金收付。由于所有的资金往来都必须通过金融企业办理，所以，银行会计涉及国民经济的各个部门以及所有单位、企业乃至个人，形成了银行与国家、与存贷款单位

和其他金融企业之间广泛而复杂的经济关系。因此，银行会计涉及面广，具有广泛的社会性。同时，银行虽然作为一个独立的经济实体，有相应的经营自主权，但必须执行中央银行的金融政策、信贷政策和国家的产业政策。当国家产业政策进行调整，对不同的行业或部门实行倾斜政策，银行会计也必须对此做出反应并做出相应的调整，所以，银行会计又具有较强的政策性。

3. 具有科学、严密和统一账务处理的特点。银行会计工作是由中央银行统一管理，有关会计制度、办法及相应的账务处理均由中央银行统一规定，具有集中统一性；金融企业会计在反映国民经济活动的实践中，也形成和具备了一套符合自身业务特点和核算、管理要求的科学严密有序的会计核算方法和管理制度。

（二）银行会计的对象

银行会计对象就是指金融企业会计核算和监督的内容，具体来说就是金融企业经营活动过程中的资金运动。银行资金是伴随着其各项业务活动的进行而运动的。银行业务活动可概括地分为负债业务、资产业务和中间业务三大类。其中，负债业务是形成资金来源的业务，主要包括吸收存款、同业拆借、向中央银行借款、发行金融债券等。通过负债业务，将资金筹集起来，为资产业务和中间业务的发生和发展创造条件，也是银行资金运动的起点。资产业务是金融企业资金运用的业务，也是取得收入的主要来源，主要有放款和投资，通过资产业务，取得贷款收入和投资收益等，这是银行资金运动的关键和主要环节。中间业务是指银行通过办理结算、汇兑、信托、租赁、代理等业务而向企业和社会提供的各种服务，是银行取得收入的途径之一，它是银行资金运动的辅助环节。由于金融企业资金的构成及其运动有其自己的特点，从而使其会计对象要素有着特定的内涵：

1. 资产。资产是指企业所拥有的能以货币计量的一切财产、债权及其他经济资源，是企业从事生产经营活动的基础。按照资产流动性和金融企业的业务特点，金融企业的资产可划分为固定资产、现金资产、放款、证券及投资、无形资产、递延资产及其他资产几大类。

2. 负债。负债就是指企业承担的能以货币计量、须以资产或劳务偿付的债务。就银行而言，其负债是由特定的业务负债业务引起的，它是企业最基本、最主要的业务，企业负债的总量和期限结构决定着其资产的规模和结构，同时也决定着企业的竞争能力。我国银行负债业务大致可分为存款、借款、金融机构往来和其他负债几大类。

3. 所有者权益。所有者权益是指企业的投资者对企业净资产的所有权。净资产是指企业全部资产与全部负债的差额。企业所有者对企业净资产的所有权体现在两个方面：一是当企业资产增值时，将全部属于所有者；二是当企业出现亏损时，将直接减少资产额，并体现在企业所有者权益的减少上。它与负债一样，也形成企业的资金来源。按其经济内容，所有者权益可分为投入资本、资本公积、盈余公积和未分配利润四大部分。银行所有者权益也基本包括上述内容。

4. 收入。收入是指企业在销售商品或者提供劳务的经营业务实现的营业收入，包括基本业务收入和其他业务收入，也包括通过非存货的其他资产销售或交换而取得的收益、投资得来的利息或股利以及增加所有者产权的其他事项。对于银行来说，其收入主要是指营业收入。它是指企业在一定时期内因对外提供劳务而得到的新流入企业的资金，或得以抵销企业原有的债务。它一般不包括与企业的业务经营活动密切相关的收入和业主追加投资、债主增加债务而引起的资金增加。具体来讲，银行的营业收入指企业办理放款、结算以及从事租赁、证券交易、房地产开发、外汇以及证券买卖等项业务而取得的利息、利差补贴、手续费、价差等收入的总和。

5. 费用。费用是指企业在生产经营过程中所发生的各项耗费。具体来讲，费用就是在某一期间由于销售商品、生产货物、提供劳务、从事其他业务而发生的现金流出、其他资产的耗用或债务的承担。金融企业费用主要是指企业在从事业务经营活动中发生的与业务经营有关的各项支出，包括筹集资金、运用资金以及收回资金全过程中所发生的耗费，即经营成本。企业在从事业务经营活动中，不仅要吸收大量的资金从而相应地支付利息，或者在所承保的保险标的遭受损失时按规定支付赔款，而且要支付业务经营和管理人员的工资等费用，同时还要耗费一定数量的物品。所有这些与企业经营业务有关的费用，并以货币价值的形式表现出来，就构成了金融企业的成本。具体包括利息支出，保险赔款支出，金融机构往来利息支出，固定资产折旧费，手续费支出，业务宣传费，防灾费，业务招待费，外汇、金银和证券买卖损失，各种准备金，业务管理费等项内容。至于那些与企业业务经营活动无关的支出，如固定资产盘亏、毁损、报废净损失，各种赞助、捐赠支出，各种罚款等，通常称为其他支出项目，不能计入成本，应在企业的应交税费、营业外支出或税后利润中列支。

6. 利润。利润是企业在一定期间的经营成果，包括营业利润、投资净收益和营业外收支净额。利润的实质是剩余产品存在的社会形式，表现为劳动者所创造的，可供社会支配的纯收入。企业生产的产品通过销售收回货币资产，并实现货币的增值。企业获得的纯收入一部分用来补偿转移到产品成本中的物化劳动和活劳动的价值，另一部分则表现为劳动者为社会所创造的价值，即利润。它是集中反映企业经营活动各方面效益，是企业最终的财务成果，也是衡量企业经营管理水平的重要综合指标。银行的利润由两部分构成：营业利润、营业外收支净额即企业的营业外收入和营业外支出差额。其关系为：

利润总额＝营业利润＋营业外收入－营业外支出

（三）银行会计的作用

会计的作用是指会计遵循自身的规律，按照特定的目的要求，运用特有的科学方法，使会计的内在功能得以外显而产生的客观社会效果。金融企业会计的作用就是通过会计这一管理活动的实施，在企业整体工作中，所能产生的作用和影响。从总的方面来看就是通过组织监督各项业务的实现，提供会计信息、数据和加强内部经营管理来推动各项业务的发展，发挥金融宏观调控作用，促进企业各项任务的顺利完成。具体表现在以下几个方面：

1. 组织并监督银行各项业务和财务活动的顺利实现，发挥金融宏观调控职能

我国金融宏观调控职能的发挥是通过金融企业各项具体的业务活动来实施和实现的，而业务活动和财务活动又都是通过资金的收付来完成。会计就是对资金活动进行核算和监督的一种手段，银行会计在进行核算活动的同时，客观上就具有了组织、监督和实现金融业务和财务活动的作用，发挥金融宏观调控的职能。

2. 反映金融企业业务和财务活动情况，为加强经营管理和强化宏观调控提供信息和数据

由于银行的业务活动和财务活动都是通过资金的收付来实现并由会计来进行核算和监督，因而银行会计能够及时而全面地反映业务活动和财务活动的情况，集中而准确地反映特定时期金融活动动态和国民经济资金营运状况，为进行经营管理和金融调控提供及时而可靠的信息和数据，从而使之成为银行一项很重要的基础性工作。

3. 直接从事有关的经营管理工作，提高金融企业自身及社会的经济效益

银行会计可以通过制定有关规章制度，完善核算手续，在经办业务过程中贯彻执行国家的金融政策、法令和有关规定，负责财务管理和经济核算，参与银行业务的预测和决策等，促使企业做出最佳方案选择，充分挖掘资金潜力，提高资金使用效益，进而有利于提高整个社会的经济效益。

银行会计的作用在其业务活动过程中客观存在着。经济越发展，管理越重要，其发挥的作用就越大，对社会经济发展的推动力就越强。

（四）银行会计的任务

会计的任务就是指在对会计对象进行核算和监督时，应当做哪些工作，按照什么要求和达到什么目的。因此，会计的任务是根据会计的对象、会计的职能和经济管理的具体要求而决定的。

由于各单位业务经济的性质不同，规模大小也不一样，因此会计所担负的具体任

务也就不同。对于银行来说，其会计的任务主要有以下几项：

1. 记录、计算和反映金融企业各项经济业务

这是银行会计最基本的任务和最主要的本职工作。只有严格地按照会计制度的规定，正确、完整、准确、及时地记录、计算和反映金融企业的经济活动和财务收支状况，才能为贯彻政策、考核计划、确定国民经济发展、金融决策和经营管理提供正确、真实、及时、有用的数据和信息。

2. 监督国家财经制度、法令的执行情况，维护财经纪律

银行会计在记录、计算和反映企业经济业务的同时，通过办理资金收付与划拨清算，发挥会计监督职能，促进各单位、各金融机构严格执行财经纪律和法令制度，合理、合法、合规、有效地进行经济活动，控制经济活动进程，使经济工作沿着正确、健康的轨道发展；督促企业管好用活资金，提高资金使用效益；防止企业资金财产的积压、浪费、挪用、损坏和盗窃，以维护所有者投资的完整与保全和增值，为加强宏观调控，微观搞活服务，支持国民经济健康、稳定、高速、有序地发展。

3. 分析财务状况，考核经济效益

对于企业发生的各项收支、经营成果及计划的执行情况等，银行会计既要及时审核、记录、计算，又要定期进行比较与分析，找出超支、节约及盈利形成的原因和存在的问题。通过分析考核，从中总结经验，提出建议，以便挖掘资金潜力，促进增收节支，进一步提高经济效益，扩大社会主义积累。

4. 预测经济活动和参与决策

银行会计可以在掌握大量历史信息和占有翔实可靠的财务数据及相关资料的基础上，运用一定的数理技术方法来进行经济预测，参与编制各项经营计划、业务计划，参与经营决策，并通过对各种预测方案的选择，为银行经营和业务拓展提出最佳可行的方案。

项目活动1　银行会计科目

【业务名称】

会计科目设置

【会计科目的设置和使用】

银行的会计科目由财政部统一设置，按规定使用。企业在不影响会计核算要求的前提下，可以根据实际情况增设，合并某些科目；若没有相应会计事项的，可以不设。

三、会计科目的使用和说明

根据建立资本金制度的原则和“资产 = 负债 + 所有者权益”的会计基础等式的要求，并结合金融企业的需要和资金运用的特点，将银行的会计科目分为资产类、负债类、所有者权益、损益类四类，根据不同业务内容设置了具体的会计科目。

表 1 –1 –1

银行业务主要会计科目表

会计科目号	会计科目名称	会计科目号	会计科目名称
	一、资产类		**三、资产负债共同类**
1001	现金	3001	清算资金往来
1002	银行存款	3101	衍生工具
1003	存入中央银行款项		**四、所有者权益类**
1011	存放同业	4001	实收资产
1103	存放联行款项	4002	资本公积
1108	系统内上存款项	4003	盈余公积
1201	拆放同业	4101	本年利润
1251	贴现	4102	利润分配
1301	贷款		**五、损益类**
1302	贷款损失准备	5001	利息收入
1401	短期投资	5002	金融企业往来收入
1402	长期投资	5101	手续费收入
1501	固定资产	5101	其他营业收入
1502	累计折旧	5103	汇兑收益
1601	无形资产	5104	投资收益
1603	待处理财产损溢	5105	营业外收入
	二、负债类	5201	利息支出
2001	活期存款	5202	金融企业往来支出
2002	存入保证金	5301	手续费支出
2005	定期存款	5302	管理费用
2101	活期储蓄存款	5304	营业税金及附加
2105	定期储蓄存款	5304	其他营业支出
2201	财政性存款	5305	汇兑损失
2301	向中央银行借款	5306	营业外支出

续表

会计科目号	会计科目名称	会计科目号	会计科目名称
2302	同业存放款项	5500	所得税
2303	联行存放款项	5600	以前年度损益调整
2306	系统内款项存放		**六、表外类**
2401	同业拆入	6001	重要空白凭证
2403	应解汇款	6002	代保管有价值品
2404	汇出汇款	6003	抵质押物价值备查
2502	开出本票	6004	受托资产本金
2601	应付利息	6005	银行承兑汇票应收款
2901	递延所得税负债	6006	银行承兑汇票应付款

在实际应用中，商业银行各行会根据各自的业务特点分设不同的科目，例如，下表是某商业银行会计科目表（部分）：

表 1－1－2

会计科目号	会计科目名称	会计科目号	会计科目名称
	资产类		**负债类**
A001	库存现金	L141	单位活期存款本金
A002	运送中现金	L142	单位定期存款（实际利率）
A006	银行存款	L143	单位定期存款（合同利率）
A011	存入中央银行款项（准备金存款）	L145	发行单位大额存单（实际利率）
A012	存放中央银行超额存款准备金	L146	发行单位大额存单（合同利率）
A013	存放中央银行财政性款项	L147	个人活期存款本金
A051	存放一级分行款项	L148	个人定期存款（实际利率）
A051	存放一级分行款项	L149	个人定期存款（合同利率）
A051	存放一级分行款项	L152	发行个人大额存单（实际利率）
A052	存放二级分行款项	L153	发行个人大额存单（合同利率）
A052	存放二级分行款项	L156	交易保证金存款
A053	存放支行款项	L165	其他保证金存款
A053	存放支行款项	L166	财政性存款
A071	拨付周转金	L220	应交企业所得税
A170	对公流动资金贷款应计正常息	L230	预估增值税销项税
A189	对公其他贷款应计正常息	L231	应交增值税销项税

续表

会计科目号	会计科目名称	会计科目号	会计科目名称
A228	对公流动资金贷款应计复利	L270	单位活期存款应付利息
A279	对公其他贷款应收利息	L271	个人活期存款应付利息
A574	对公流动资金贷款	L275	单位定期存款（实际利率）应付利息
A575	对公固定资产贷款	L276	单位定期存款（合同利率）应付利息
A589	对公其他贷款	L277	个人定期存款（实际利率）应付利息
A622	个人生产经营贷款	L278	个人定期存款（合同利率）应付利息
A623	个人消费贷款	L396	单位久悬未取款项
A638	个人住房贷款本金	L397	个人久悬未取款项
A639	个人住房贷款利息调整	L410	结算与清算业务递延收益
A649	个人其他贷款	L411	代理业务递延收益
A771	房屋及建筑物原值	L416	银行卡手续费递延收益
A783	房屋及建筑物累计折旧	L429	其他中间业务递延收益
A969	应计增值税金	L479	其他待付结算款项
A971	应收增值税金	L602	担保承诺预计负债
	损益类		**损益类**
P351	单位活期存款利息支出	P004	对公固定资产贷款利息收入
P352	单位定期存款（合同利率）利息支出	P005	对公流动资金贷款利息收入
P353	单位定期存款（实际利率）利息支出	P019	对公其他贷款利息收入
P355	个人活期存款利息支出	P105	个人生产经营贷款利息收入
P356	个人定期存款（合同利率）利息支出	P107	个人消费贷款利息收入
P357	个人定期存款（实际利率）利息支出	P109	个人住房贷款利息收入
P364	银行承兑汇票保证金存款利息支出	P129	个人其他贷款利息收入
P369	其他保证金存款利息支出	P155	个人生产经营贷款表外利息收入
P371	个人结构性存款利息支出	P157	个人消费贷款表外利息收入
P372	结构性产品超额利息支出	P191	存放中央银行超额存款准备金利息收入
P374	财政性存款利息支出	P470	承诺业务收入
P490	电子银行业务支出	P472	电子银行业务收入
P493	结算与清算业务支出	P474	结算与清算业务收入
P499	银行卡手续费支出	P476	银行卡手续费收入
P519	其他手续费支出	P489	其他手续费收入
P790	业务管理费	R091	存放一级分行款项利息收入
R196	借入一级分行款项利息支出	R092	存放二级分行款项利息收入
R197	借入二级分行款项利息支出	R093	存放支行款项利息收入

续表

会计科目号	会计科目名称	会计科目号	会计科目名称
	表外类		**表外类**
0456	抵质押物价值备查	0424	重要空白凭证
0457	受托资产本金	0426	代保管有价值品
0505	银行承兑汇票应收款	0429	表外应收增值税（未缴纳）
0715	银行承兑汇票应付款	0441	表外应收增值税（已缴纳）
0507	1年以上承诺及授信应收款	0453	发行理财产品

【实例操作】

例【1-1-1】设置“存放中央银行款项”会计科目

“存放中央银行款项”是指各金融企业在中央银行开户而存入的用于支付清算、调拨款项、提取及缴存现金、往来资金结算以及按吸收存款的一定比例缴存于中央银行的款项和其他需要缴存的款项。存放中央银行的各种款项应分性质进行明细核算。

例【1-1-2】设置“同业存放款项”会计科目

“同业存放款项”也称同业存款，是指某银行存入其他银行款项。核算银行之间日常结算往来款项，同业存入本银行的各种款项等。就个别银行而言，设有同业存款，以便利用周转；就整个银行系统而言，同业存款彼此相互抵消。计算全体银行存款时，同业存款总额应为零。同业存款与库存现金及中央银行资产三项合而构成付现准备金。

项目活动2　银行会计科目划分

【业务名称】

银行会计科目的划分

【实例操作】

例【1-1-3】客户在银行的存款，在银行会计中归属于哪一类科目？

客户在银行的存款，以银行为会计主体，归属于负债类科目。

【实例操作】

例【1-1-4】客户在银行的贷款，在银行会计中归属于哪一类科目？

客户在银行的贷款，以银行为会计主体，归属于资产类科目。

【实例操作】

例【1－1－5】银行已付给客户的存款利息，在银行会计中归属于哪一类科目？

银行付给客户的存款利息，以银行为会计主体，归属于损益类科目。

【实例操作】

例【1－1－6】银行发给客户的银行卡，在银行会计中归属于哪一类科目？

商业银行卡或空白存单等实物，银行也要视同现金一样保存，称重要空白凭证。归属于表外类科目。

模块一　活动练习题

1. “存放联行款项”归属于哪一类科目？
2. “个人生产经营贷款”归属于哪一类科目？

模块二　银行会计记账方法

相关基础知识

一、会计平衡公式

对于企业而言要从事经营活动，获得经济效益，一方面，必须拥有一定数量可供运用的经济资源资产。它可以是有形的，也可以是无形的，包括各种财产、债权和其他权利。另一方面，资产是通过各种渠道和方式取得的，向企业提供资产的人，对企业资产就具有一定的求偿权。资产和权益是同一事物的两个方面，两者相互依存，互为条件。有资产就有权益；资产丧失，权益丧失；资产增加，权益增加。这种关系用公式表示为：资产 = 权益。此公式是会计学上的基本方程式，是设置账户、复式记账和编制资产负债表的理论基础，也是贯穿于会计活动始末的一根主线。由于企业资产的形成，既可来自债权人，又可来自于向企业投资的业主，所以权益又可分为债权人权益和业主权益，在会计上分别被称为负债和所有者权益，这样上述公式又可写为：

资产 = 负债 + 所有者权益

此公式是国际上通用的会计等式，它反映了企业所有权与经营权的分离，分清了企业的资金来源，明确了企业的产权关系，否定了专款专用原则，有利于灵活地调度资金和最大效益地使用资金，使人们注重考虑在社会主义市场经济条件下企业的偿债能力，也使企业作为一个独立的商品生产经营者的地位得以明确。根据《企业会计准则》的规定，我国《金融企业会计制度》按上述公式设计，并贯穿于整个会计科目分类设置中。

二、借贷记账原理

（一）借贷记账法的概念

所谓借贷记账法就是以“借”“贷”两字作为记账符号，对每一项经济业务，在两个或两个以上的相关账户中，以借贷相等的金额，全面地、相互联系地反映的一种记账方法。与其他记账法（如增减记账法、收付记账法）相比具有账户体系严密、对应关系清晰、试算平衡简捷等优点，因而在国际上得以广泛运用。我国《企业会计准则》中也明确规定：会计记账采用借贷记账法。

（二）借贷记账法的主要内容

账户的借方和贷方。账户是根据会计科目设置，具有一定格式的，用来连续系统地记载某一具体会计事项的一种专门会计方法。设置账户是会计核算方法体系的重要组成部分。一切会计事项只有分门别类地在账户中进行连续、系统的记载，才有可能成为有用的会计信息，供管理者作为决策的依据。由于任何经济业务的发生，从数量上看，不外乎是两种情况：一是造成会计要素的增加，二是造成会计要素的减少。为了将增加和减少分别反映出来，账户设置了左方和右方，在借贷记账法下被称为借方或贷方。对于金融企业而言，由于其会计科目被划分为资产、负债、所有者权益、损益四大类，所以“借”就是指：资产增加，负债减少，所有者权益减少，损失的增加或利益的减少。“贷”是指：资产减少，负债增加，所有者权益增加，损失的减少或利益的增加。

借贷记账原则和会计分录。借贷记账法的记账原则是：有借必有贷，借贷必相等。也就是说，发生任何一项经济业务，必须同时登入两个或两个以上的相关账户，其中登入借方账户的金额合计必须等于登入贷方账户的金额合计。当“借方”资产增加时，与之相对应的必然是“贷方”资产减少或负债增加，所有者权益增加，损失的减少或利益的增加，而且变动的金额相等。其他亦然。

在借贷记账法下，由于对每一项经济业务都在两个或两个以上的账户间进行登记，这样就使得有关账户之间发生了相互关系，这种相互依存关系就称为账户对应关系，账户称为对应账户。在具体记账时，为了保证账户对应关系的正确性，便于在账户中进行登记，一般是先根据经济业务的内容，在记账凭证上编制会计分录。所谓会计分录就是标明某项经济业务应借应贷的账户名称及其金额的一种记录形式。

会计分录分为简单会计分录和复合会计分录。前者包括一个借方账户和一个贷方账户，是一借一贷的会计分录，后者则是指一借多贷或多借一贷的会计分录。其格式分别如下：编制会计分录是一项基本的会计工作，它对于确保记账正确性，有着非常重要的意义。

（三）试算平衡

试算平衡是检验账户记录是否正确的验算方法，通常是通过编制试算平衡表进行的。平衡表有两种：总额试算平衡表和差额试算平衡表。总额试算平衡表就是根据“有借必有贷，借贷必相等”的记账原则，将一定时期所有账户的借方和贷方累计起来，列成一表，则借方总额与贷方总额必然相等。差额试算平衡表根据数学上“等数减等数其差必等”的原理将每一账户较大的一方的数额减去较小一方的数额，使得每个账户只剩下一个差额，再将每个账户的借差或贷差累计相加，则所得借方合计必与贷方合计相等。

三、单式记账

单式记账是指只记收入或付出的一方。银行会计中，表外业务一般采作单式记账。重要空白凭证的出入库，如现金支票、转账支票、储蓄存单、银行卡等都是采用单式记账，在记账时，以一元一份假定价格记账。

项目活动1　复式借贷记账法

【业务名称】

客户存款、取款业务

【实例操作】

例【1-2-1】2021年6月1日，客户中晨有限责任公司在模拟银行西湖支行存入营业款5 000元整。

借：现金　　5 000

　　贷：活期存款——中晨有限责任公司　　5 000

【实例操作】

例【1-2-2】2021年6月2日，客户李丽在银行取款2 000元整。

借：活期储蓄存款——李丽　　2 000

　　贷：现金　　2 000

项目活动2　单式收付记账法

【业务名称】

重要空白凭证入库

【实例操作】

例【1－2－3】2021 年 6 月 1 日，银行柜员张华从上级行领入借记卡 100 张，整存整取定期存单 50 份。

收入：重要空白凭证——银行借记卡　　　　　100

　　　　　　　　　——整存整取定期存单　　　50

模块二　活动练习题

1. 说说会计试算平衡公式?

2. 2021 年 7 月 1 日，客户长城有限公司在模拟银行西湖支行存入营业款 20 000 元整，此业务借贷科目分别是什么？试写出分录。

3. 2021 年 7 月 1 日，银行柜员张华从上级行领入定活两便存单 50 张，贷记卡 100 张。此业务涉及科目是什么？试写出分录。

模块三　会计凭证处理

相关基础知识

会计凭证，又称传票，是指对发生的经济业务，先根据原始凭证或汇总原始凭证填制记账凭证，然后审核、签章、装订保管的全过程。

一、银行表内会计凭证

银行采用的会计凭证分类如下：

1. 按与记账的关系可分为原始凭证与记账凭证两种。前者是不直接凭以记账的会计凭证；后者是直接凭以记账的会计凭证。记账凭证按其形式分为单式凭证和复式凭证。单式凭证是只填列一个会计科目、作为一个科目的记账依据的凭证；复式凭证是一笔业务的两个对应科目同时填列并作为两个科目记账依据的凭证。

2. 按它的格式及其使用范围可分为通用的基本凭证和专用的特定凭证。基本凭证是银行会计人员根据原始凭证自行编制、凭以记账的各种传票，它包括现金收入传票、现金付出传票、转账收入（贷方）传票、转账付出（借方）传票、特种转账收入（贷方）传票、特种转账付出（借方）传票等6种。

现金传票，只办理现金收付；转账传票，只办理转账收付。特定凭证是根据有关业务的特殊需要而制定的各种专用凭证，一般是由单位提交或联行寄来，银行收到后凭以办理业务，登记账簿。如各种结算凭证、借还款凭证等。此类凭证也有银行自行填写凭以办理业务和记账，如定期储蓄存单等。

二、银行表外会计凭证

表外凭证，有表外科目收入传票、表外科目付出传票；采用外汇分账制的银行，还有外汇买卖借方传票和外汇买卖贷方传票。

项目活动1　会计凭证填制

【业务名称】

柜员长款会计凭证的填制

【实例操作】

例【1－3－1】2021年6月20日营业终了，柜员李军出现营业长款2 000元，则应填制如表1－3－1格式的凭证，同时在操作系统中入账，并打印出入账记录，使得账实相符。

表1－3－1

模拟银行　现金收入传票

借：现金　　　　2021年6月20日

户名或账号	摘要	金额									
		千	百	十	万	千	百	十	元	角	分
待处理财产损溢	营业长款				¥	2	0	0	0	0	0
合计	（大写）贰仟元整				¥	2	0	0	0	0	0

会计：　　出纳：李军　　复核：　　记账：

项目活动2　会计凭证审核

【业务名称】

柜员长款会计凭证的审核

【实例操作】

例【1－3－2】2021年6月20日营业终了，柜员李军出现营业长款2 000元，则应填制如表1－3－2格式的凭证，复核人员张兰审核了该凭证。

表 1－3－2

模拟银行 现金收入传票

借：现金　　　　2021年6月20日　　　　091

户名或账号	摘要	金额									
		千	百	十	万	千	百	十	元	角	分
待处理财产损溢	营业长款				¥	2	0	0	0	0	0
20210620000388											
合计	（大写）贰仟元整				¥	2	0	0	0	0	0

会计：　　出纳：李军　　复核：张兰　　记账：

主要审核该凭证的填制日期、大小写金额、科目等填写是否正确。

项目活动3 会计凭证签章

【业务名称】

柜员长款会计凭证的签章

【实例操作】

例【1－3－3】2021 年 6 月 20 日营业终了，柜员李军出现营业长款 2 000 元，在凭证上签章。

表 1－3－3

模拟银行 现金收入传票

借：现金　　　　2021年6月20日　　　　091

户名或账号	摘要	金额									
		千	百	十	万	千	百	十	元	角	分
待处理财产损溢	营业长款				¥	2	0	0	0	0	0
20210620000388											
合计	（大写）贰仟元整				¥	2	0	0	0	0	0

模拟银行西湖支行
20210620
现金收讫

会计：　　出纳：李军　　复核：张兰　　记账：

项目活动4　会计凭证装订保管

例【1－3－4】2021年6月20日营业终了，柜员李军出现营业长款2 000元，填制凭证、审核、签章后，保管该凭证。

传统保管方式是把凭证按柜员、按时间顺序装订成册。商业银行大概一天有一本成册的会计凭证，这些凭证会按时间发生的顺序电脑自动打印序号（上例为091号凭证）。

随着电子技术的发展，所有账务电脑中可查。有的商业银行会计凭证不再装订成册，而是通过扫描进入电脑，形成电子档案。纸质会计凭证成袋保管。

模块三　活动练习题

1. 试述银行会计凭证处理流程。
2. 银行会计凭证审核中，主要审核哪些内容？

项目二

个人存款及结算业务处理

【学习目标】

了解个人存款及结算业务的相关知识。

◆

掌握活期、定期等储蓄存款的开户、续存、销户业务会计处理。

◆

掌握活期、定期等储蓄存款的计息方法及核算处理。

◆

掌握个人票据、汇兑业务的核算处理。

模块一　活期储蓄存款业务处理

相关业务基础知识

一、储蓄存款

个人银行存款一般称储蓄存款。储蓄是指每个人或家庭，把节余的钱存到银行的经济活动，储蓄存款是社会公众将当期暂时不用的收入存入银行而形成的存款。储蓄存款是信用机构的一项重要资金来源，储蓄存款的存户一般限于个人。传统的储蓄存款不能开支票进行支付，随着银行业务的发展，个人银行存款可以开立个人结算账户，也可申请支票支取，可以获得利息。这种存款通常由银行给存款人发一张存折或银行卡，作为存款和提取存款的凭证。

二、储蓄存款的种类

按现行《储蓄管理条例规定》的规定，个人储蓄存款按期限可分为活期储蓄存款、定期储蓄存款、定活两便储蓄存款、通知储蓄存款等；其中定期储蓄存款又可分为整存整取定期储蓄存款、零存整取定期储蓄存款、整存零取定期储蓄存款、存本取息定期储蓄存款、教育储蓄存款、大额定期存单等等。

近几年，随着国民经济的发展，银行对个人银行业务的种类做了调整。如个人账户按业务范围规定了Ⅰ类账户、Ⅱ类账户、Ⅲ类账户；同一客户在一家银行只能开一个Ⅰ类账户；Ⅱ、Ⅲ类账户数量一般不超过五个。Ⅰ类账户业务范围宽，承担个人银行业务结算功能，存款、购买投资理财产品等金融产品、转账、消费和缴费支付、支取现金等业务，且金额不受限等；Ⅱ、Ⅲ类账户业务范围窄，结算业务种类、额度受限。

三、活期储蓄存款

活期储蓄存款是指不确定存期、客户可随时存取款、存取金额不限的一种储蓄方式。人民币活期储蓄存款1元起存，多存不限，由银行发给客户存折或卡，开户后可凭存折或卡随时存取，客户预留银行印鉴或密码的，凭印鉴或密码支取。销户或结息时按当日银行挂牌公告活期利率计息。

四、个人存款实名制

（一）明确职责，切实落实个人银行账户实名制

人民银行各分支机构要认真履行对个人银行账户的监督管理职责，加强对银行业金融机构（以下简称银行）落实账户实名制的指导、监督、检查。

各银行要严格按照相关法律制度要求，加强对个人银行账户开立的审查，识别客户真实身份，不得为存款人开立假名和匿名账户；建立个人银行账户的跟踪检查制度，及时掌握存款人账户信息资料变动情况；建立健全个人银行账户开立和管理的内控制度，建立客户身份识别制度及责任制，加强对临柜人员的培训和检查。

各银行应加强对存款人的信用管理，逐步完善存款人信用记录档案，对于不正当使用银行账户和存在不良信用记录的存款人，银行有权实施更严格的身份认证措施；逐步实现同一存款人的各类银行账户在行内系统统一管理，鼓励存款人在同一银行账户下办理多种银行业务；在严格遵守对存款人身份认证基本规定的基础上，可以对不同的存款人确定差别身份认证标准，并按照账户余额、交易频率、交易金额及风险程度等进行分类管理。

存款人应以实名开立个人银行账户，并对其出具的开户申请资料的真实性和有效性负责。存款人开户信息资料发生变更时，应及时通知开户银行。

（二）关于开立个人银行账户须出具的有效证件

银行为存款人开立个人银行账户，存款人应出具以下有效证件：

1. 居住在中国境内16岁以上的中国公民，应出具居民身份证或临时身份证。军人、武装警察尚未申领居民身份证的，可出具军人、武装警察身份证件；居住在境内或境外的中国籍的华侨，可出具中国护照。

2. 居住在中国境内16岁以下的中国公民，应由监护人代理开立个人银行账户，出具监护人的有效身份证件以及账户使用人的居民身份证或户口簿。

3. 香港、澳门特别行政区居民，应出具港澳居民往来内地通行证；台湾居民，应出具台湾居民来往大陆通行证或其他有效旅行证件。

4. 外国公民，应出具护照或外国人永久居留证（外国边民，按照边贸结算的有关规定办理）。

除以上法定有效证件外，银行还可根据需要，要求存款人出具户口簿、护照、工作证、机动车驾驶证、社会保障卡、公用事业账单、学生证、介绍信等其他能证明身份的有效证件或证明文件，以进一步确认存款人身份。

（三）规范个人银行账户的开立和使用

存款人申请开立个人银行账户，应由开户银行营业网点办理。开户银行营业网点不得委托非开户网点或其他机构代理开户。

存款人可以选择任一银行营业网点开立个人银行账户。银行不得通过与收、付款单位进行排他性合作，变相为客户指定开户银行。未经本人同意，任何单位不得为存款人指定开户银行。

代理他人开立银行账户的，银行应要求代理人出示被代理人和代理人的有效身份证件。单位代理个人开户应依法承担相应法律责任，出示单位负责人、授权经办人及被代理人的有效身份证件。

个人银行结算账户的申请书除《人民币银行结算账户管理办法实施细则》（银发〔2005〕16 号文印发）规定内容以外，银行可根据需要，增加以下信息：国籍、性别、出生日期、身份证件有效期限、联系电话、邮寄地址、电子邮箱、工作单位名称、工作单位性质、职业、个人职位、供职于现任职单位的时间、前任职单位、实际控制客户的自然人和交易实际受益人等信息。

银行应通过银行结算账户管理协议或其他方式明确银行账户开立和使用的以下事项：账户信息变更的处理、账户信息的使用与保密、可办理的业务种类和条件、账户的有效期限、账户超过有效期限的处理方式、账户管理费收取标准与方式、对账方式和频率、违约赔偿责任等。

（四）其他相关问题

1. 关于个人存款实名制制度实施前开立的账户的处理

2 000 年 4 月 1 日前开立的个人银行账户，需要延续使用的，自本通知实施之日起，存款人到开户银行办理第一笔业务时，存款人应当出具拥有该存款的存折、存单等，并出示账户管理制度规定的有效身份证件，进行账户的重新确认。

在 2 000 年 4 月 1 日前开立的个人银行账户不再延续使用的，存款人应出具拥有该存款的存折、存单等，并出示账户管理制度规定的有效身份证件，办理销户手续。

2. 关于存单、存折、银行卡的挂失

个人银行账户的存单、存折、银行卡等如有遗失，存款人可向开户银行申请挂失止付。开户银行受理存款人的挂失后，可与存款人约定在 7 个工作日以内，为存款人办理补领新存单、存折、银行卡或支取存款。

3. 关于落实个人银行账户实名制工作的监督管理

人民银行分支机构应根据辖区内账户管理的具体情况，定期或不定期地组织开展银行账户现场检查和非现场检查，并把银行账户实名制落实情况作为检查的一项重要内容，加大对账户监督管理的力度。

五、储蓄存款利息计算规定

（一）基本计息公式

利息 = 本金 × 存期 × 利率

（二）本金

以“元”为起息点，元以下的角、分不计息，利息的金额算至分位，分位以下四舍五入。

（三）存期

算头不算尾，计算利息时，存款天数一律算头不算尾，即从存入日起算至取款前一天止。

（四）利率

储蓄存款利率是由国家统一规定，中国人民银行挂牌公告。利率也称为利息率，是在一定日期内利息与本金的比率，一般分为年利率、月利率、日利率三种。年利率以百分比表示，月利率以千分比表示，日利率以万分比表示。如年息九厘写为 9%，即每百元存款一年利息 9 元，月息六厘写为 6‰，即每千元存款一月利息 6 元，日息一厘五毫写为 0.15‱，即每千元存款每日利息 1 角 5 分，目前我国储蓄存款用年利率挂牌。

为了计息方便，三种利率之间可以换算，其换算公式为：

年利率 ÷ 12 = 月利率

月利率 ÷ 30 = 日利率

年利率 ÷ 360 = 日利率

（五）活期储蓄存款结息日与结息期

我国活期储蓄存款按季结算，结息日为每季末月 20 日，即 3 月 20 日，6 月 20 日，9 月 20 日，12 月 20 日；次日活期利息入账。

六、个人所得税

我国的利息税始于 1950 年，当年颁布的《利息所得税条例》规定，对存款利息征收 10%（后降为 5%）的所得税，1959 年利息税停征，1999 年 11 月 1 日根据第九届全国人民代表大会常务委员会第十一次会议《关于修改〈中华人民共和国个人所得税法〉的决定》再次恢复征收，税率为 20%，2007 年 8 月 15 日税率由 20% 降至 5%，2008 年 10 月 9 日起暂免征收利息税。

项目活动 1　活期储蓄存款开户

【业务名称】

为个人客户周成开立个人银行结算账户 Ⅰ 类账户

【实例操作】

例【2－1－1】2021 年 6 月 7 日，个人客户周成到模拟银行西湖支行开立个人银行结算账户 Ⅰ 类账户，并存入人民币现金 50 000 元整，周成出示本人身份证，身份证号为 430101199506071223。

【操作步骤】

1. 业务受理。

客户向银行柜员描述其所需办理的业务类型，并向其出示：开立个人银行结算账户申请书、现金及身份证。客户填写个人结算账户申请书一式两联。

表 2－1－1

模拟银行　**开立个人银行结算账户申请书**

银	存款种类：个人银行结算账户开户		
行	姓名：周成		
打	账号：1201 0911 0500 9865		
印	网点号：002	柜员号：00204	流水号：1104020298506849

<table>
<tr><td rowspan="6">客户填写</td><td>姓名（中文）</td><td colspan="5">周成</td><td colspan="9">姓名（英文或拼音）</td><td colspan="7">ZhouCheng</td></tr>
<tr><td>身份证件名称</td><td>身份证</td><td>证件号码</td><td>4</td><td>3</td><td>0</td><td>1</td><td>0</td><td>1</td><td>1</td><td>9</td><td>9</td><td>5</td><td>0</td><td>6</td><td>0</td><td>7</td><td>1</td><td>2</td><td>2</td><td>3</td></tr>
<tr><td>代理人证件名称</td><td></td><td></td><td></td><td></td><td></td><td></td><td></td><td></td><td></td><td></td><td></td><td></td><td></td><td></td><td></td><td></td><td></td><td></td><td></td><td></td></tr>
<tr><td>通信地址</td><td colspan="10">湖南省长沙市雨花区南湖小区 12-06</td><td colspan="4">邮政编码</td><td colspan="7">416001</td></tr>
<tr><td>联系人</td><td colspan="2">　</td><td colspan="3">联系电话</td><td colspan="5"></td><td colspan="4">支取方式</td><td colspan="7">印鉴☐　密码☑</td></tr>
<tr><td>是否办卡</td><td colspan="2">是☐　否☑</td><td colspan="3">是否通兑</td><td colspan="5">是☑　否☐</td><td colspan="4">备注</td><td colspan="7"></td></tr>
</table>

个人银行结算账户管理协议

为保证合法、规范使用个人银行结算账户，中国光大银行（甲方）与存款人（乙方）在平等自愿的基础上，根据中国人民银行《人民币银行结算账户管理办法》及相关法律、法规签订本协议并共同遵守。

第一条定义。

乙方凭个人身份证件以自然人名称开立的银行结算账户为个人银行结算账户。个人结算账户分类为Ⅰ类银行账户、Ⅱ类银行账户和Ⅲ类银行账户（以下分别简称Ⅰ类户、Ⅱ类户和Ⅲ类户）。

乙方通过电子渠道非面对面开立Ⅱ类户、Ⅲ类户时，需绑定本人I类户或者信用卡账户进行身份验证。

甲方可通过Ⅰ类户为乙方提供存款、购买投资理财产品等金融产品、转账、消费和缴费支付、支取现金等服务。

甲方可通过Ⅱ类户为乙方办理存款、购买投资理财产品等金融产品、限额消费和缴费、限额向非绑定账户转出资金业务经甲方工作人员现场面对面确认身份的Ⅱ类户，可办理存取现金、非绑定账户资金转入业务，可以配发实体卡。

甲方可通过Ⅲ类户为乙方办理限额消费和缴费、限额向非绑定账户转出资金业务。经甲方工作人员现场面对面确认身份的Ⅲ类户，可办理非绑定账户资金转入业务。非面对面线上开立的Ⅲ类户，通过绑定账户入金后，可以办理非绑定账户资金转入业务，乙方在甲方通过电子渠道非面对面方式只能开立一个允许非绑定账户入金的Ⅲ类账户。

第二条Ⅱ类户、Ⅲ类户的使用受限额控制。

Ⅱ类户非绑定账户转入资金、存入现金日累计限额合计为1万元，年累计限额合计为20万元；消费和缴费、向非绑定账户转出资金、取出现金日累计限额合计为1万元，年累计限额合计为20万元。

Ⅲ类户的账户余额不得超过2000元;非绑定账户资金转入日累计限额为5000元，年累计限额为10万元;消费和缴费支付、向非绑定账户转出资金日累计限额合计为2000元，年累计限额合计为5万元。

甲方可以向Ⅱ类户发放本银行贷款资金，可以向Ⅲ类户发放本银行小额消费贷款，乙方可通过Ⅱ、Ⅲ类账户还款。发放贷款和贷款资金归还，不受转账限额规定，但Ⅲ类户应遵守余额限制。

第三条乙方自愿选择在甲方开立人民币个人银行结算账户。甲方同意为乙方开立个人银行结算账户，并为乙方提供个人银行结算账户服务。他人代理乙方开立的账户，需乙方持本人有效身份证件在柜面办理账户启用后方可正常使用，在启用前只支持存款转入等贷方交易，不支持取款、转出、消费、理财投资等借方交易。16岁以下中国公民由监护人代理开立的账户，不受上述限制。

乙方账户自开户之日起6个月内无交易的，甲方有权暂停该账户非柜面业务，乙方到甲方重新进行实名制认证后，可恢复该账户业务。

第四条　乙方在甲方仅能开立一个Ⅰ类户，已开立Ⅰ类户，再新开户的，应当开立Ⅱ类户或Ⅲ类户。乙方在甲方开立的Ⅱ、Ⅲ类户数量分别不得超过五个。乙方开立、使用和撤销个人银行结算账户应遵守《人民币银行结算账户管理办法》及相关法律法规的规定。乙方使用在甲方开立的个人银行结算账户办理各项业务时，还应遵守甲方的相关制度规定。

第五条　乙方可根据需要通过甲方柜面或电子渠道对已开立的Ⅰ、Ⅱ、Ⅲ类户进行升、降级变更。乙方提出账户升、降级变更申请并经甲方处理完成后即生效，乙方应按照变更后的账户类型及规定办理相关业务。

第六条　乙方在甲方开立个人银行结算账户时，需向甲方提交相应的证明文件和真实的个人信息（以下简称"开户资并接受甲方的审核，乙方承诺所提供的开户资料真实、有效、完整，预留的手机号码为本人实名登记的手机号码。若乙方提供的开户资料虚假或预留非本人实名登记的手机号码，一经发现，甲方有权停用该账户，待乙方变更开户资料或本人实名登记的手机号码后再恢复使用。由此造成的一切后果，由乙方自行承担相应责任。

第七条　乙方不得利用在甲方开立的个人银行结算账户进行偷逃税款、逃废债务、套取现金、洗钱及其他违法犯罪活动。乙方不得出租、出借在甲方开立的个人银行结算账户，不得利用在甲方开立的个人银行结算账户套取银行信用。

第八条　乙方账户自上次交易日起满三年（含）无主动交易，账户余额为10元（含）以下，没有关联其他账户的，甲方有权将该账户列为小额不动户管理，并按原账户计息规则计息。小额不动户不收不付。乙方到甲方重新进行实名制认证后，可恢复该账户业务或办理销户。

第九条　乙方须按支付结算法律法规使用支付结算工具，并按甲方有关规定支付服务费用。

第十条　乙方使用在甲方开立的个人银行结算账户办理个人转账收付和大额现金存取时要遵守《人民币银行结算账户管理办法》及相关法律、法规的有关规定。

第十一条　乙方撤销在甲方开立的个人银行结算账户，必须在甲方核对该账户存款余额并交回各种重要空白票据及结算凭证，甲方核对无误后方可办理销户手续。乙方因故未交回各种重要空白票据及结算凭证的，须出具书面证明，由此而造成的损失由乙方承担。

20210607

业务公章

甲方（开户申请人）签章：周成　　　　乙方（开户银行）签章：

事后监督：　　　　主管：　　　　复核：　　　　经办：张兰

2. 业务审核。

银行柜员张兰审核身份证件，是否真实有效；清点现金，多退少补；如客户存有残缺污损人民币，按《中国人民银行残缺污损人民币兑换办法》办理。

3. 业务办理。

银行柜员张兰出库重要空白凭证银行借记卡一张，使用此银行卡，按规定办理个人开户业务（如下图凭证）。再办理存款业务，把清点好的现金存入该账户。重要空白凭证银行借记卡使用，银行做单式记账如下：

付出：重要空白凭证——借记卡　　　1

表 2－1－2

模拟银行 存款凭条

日期　2021 年 6 月 7 日

户名：周　成　　　　账号：

币种（√）：人民币☑/美元☐/港币☐/其他：

金额：

亿	仟	佰	十	万	千	百	十	元	角	分
			¥	5	0	0	0	0	0	0

业务种类（√）：活期☑/ 整整☐/ 定期☐/ 定活☐/ 零整☐/ 教育☐/ 通知☐/ 国债☐/ 其他：

存期：　　　　转存标志（√）：自动转存☐/约定转存☐

备注：

20210607

现金收讫

新开户请继续填写下列内容：

支取方式（√）：密码☑/证件☐/印鉴☐/　　　　通兑方式（√）：通兑☑　不通兑☐

联系地址：长沙市雨花区南湖小区 12-06

证件类型：身 份 证　　证件号码

代理人证件类型：　　证件号码

4	3	0	1	0		1	9	9	5	0	6	0	7	1	2	2	3

代理人签名　周 成

表 2－1－3

模拟银行 存款凭条（银行打印）

日期　2021 年 6 月 7 日

户名　周　成　　账号　1201091105009865　　流水号　1104020298506880

币种　人民币　　钞汇标志

存款金额　（小写）¥50 000.00　　手续费金额

（大写）人民币伍万元整

业务种类　活期存款　　存期　　转存标志　　转存期

本人确认所办业务与上述银行打印相符。　客户签名：周 成

日期:20210607　　日志号:0607076　　交易码 4011　　币种：人民币

金额：50 000.00　　主管：周小敏　　经办人：张兰

4. 银行业务会计分录。

借：现金　　50 000

　　贷：活期储蓄存款——周成　　50 000

交易处理的会计分录现由银行电脑自动处理，自动记账，不须人工处理。

5. 后续处理。

银行柜员张兰把办好的申请书第二联、银行卡、存款回单交给客户，身份证退回给客户。银行柜台上有电子屏，请客户对此次业务的满意度做评价。

思考：1. 银行作为会计主体，“活期储蓄存款”科目是否属于资产类科目？

2. 与其他行业企业相比，银行作为会计主体，请问有“银行存款”科目吗？

项目活动2　活期储蓄存款续存

【业务名称】

为个人客户周成办理活期储蓄存款续存业务

【实例操作】

例【2-1-2】2021年7月5日，客户周成到模拟银行西湖支行续存现金6 000元。

【操作步骤】

方法一

1. 业务受理。

银行柜员聆听客户的陈述。接收银行卡和现金。

2. 银行柜员清点现金，并存入周成的借记卡。

3. 银行会计分录。

借：现金　　　　　　　　6 000

　　贷：活期储蓄存款——周成　　6 000

4. 收好凭证，签章，回单交给客户。

5. 后续处理。

银行柜员张兰询问客户是否还办理别的业务。如没有，请客户对这次服务做评价。

表2-1-4

模拟银行 存款凭条

日期　2021年7月5日

户名：周　成　　　　账号：1201091105009865

币种（√）：人民币☑/美元☐/港币☐/其他：______

金额：

亿	仟	佰	十	万	千	百	十	元	角	分
				¥	6	0	0	0	0	0

业务种类（√）：活期☑/ 整整☐/ 定期☐/ 定活☐/ 零整☐/ 教育☐/ 通知☐/ 国债☐/ 其他：______

存期：______　　转存标志（√）：自动转存☐/约定转存☐

新开户请继续填写下列内容：

支取方式（√）：密码☐/证件☐/印鉴☐/　　通兑方式（√）：通兑☑　　不通兑☐

联系地址：

证件类型：______　　证件号码

代理人证件类型：______　　证件号码

代理人签名：周成

模拟银行西湖支行 20210705 现金收讫

表 2－1－5

模拟银行 存款凭条（银行打印） 日期　2021 年 7 月 5 日			
户名　周　成	账号　1201091105009865		流水号　1104020298507110
币种　人民币	钞汇标志		
存款金额　（小写）¥6 000.00 （大写）陆仟元整		手续费金额	
业务种类　活期存款	存期	转存标志	转存期
本人确认所办业务与上述银行打印相符。	客户签名：周 成		
日期:20210705	日志号:0705078	交易码 4011	币种：人民币
金额：6 000.00	主管：周小敏	经办人：张兰	

方法二

个人客户到银行缴存面额为 100 元的现金，还可以借助自助服务，在自动存取款机（ATM/ADM 机）上缴存，不需要银行柜员人工服务。自动存取款机 24 小时昼夜服务。它具有存款、取款、查询余额、修改密码等功能，是一种新型的银行电脑终端。缴存步骤如下：

1. 插入银行借记卡，把银行卡正面朝上，账号开头为插入方向。

2. 屏幕上会出现服务项目，点击存款，ADM 机入钞口会自动打开，把整理好的现金放入。在 ATM/ADM 机存钱时注意：

第一，纸币要整洁，平整；

第二，干净没有污垢字迹；

第三，没有明显的折印。

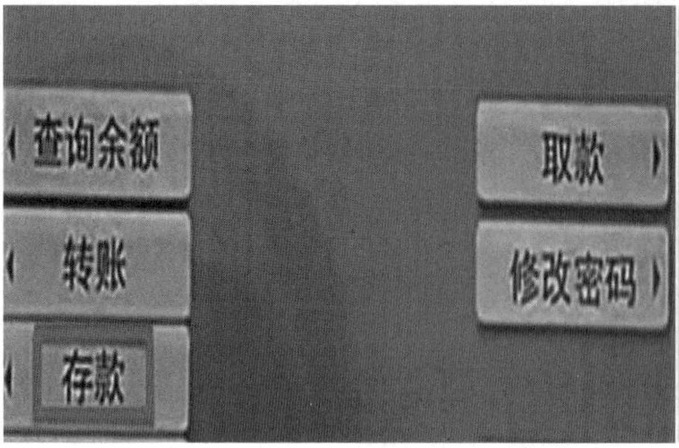

3. 放钞口关闭，这时机器会有嗡嗡运转的声音，这是正常的，不要担心，这是系统在进行清点钞票。

4. 屏幕上会出现您存款的金额，需要核对一下，无误即可点击确认。

5. 缴存成功后，可以点击查询余额查看一下。如果机器又弹出来几张钞票，拿出来再次放进去，选择确认重复操作即可。

项目活动3　活期储蓄存款取款

【业务名称】

为个人客户周成办理活期储蓄存款取现业务

【实例操作】

例【2-1-3】2021 年 7 月 8 日，客户周成到模拟银行西湖支行取款现金 4 000 元。

【操作步骤】

方法一

1. 业务受理。

银行柜员聆听客户的陈述。接受客户银行卡，银行柜员取款操作，取款单客户确认。

表 2－1－6

模拟银行 取款凭条

日期　2021 年 7 月 8 日

户名：周　成　　　账号：　　　金额

亿	仟	佰	十	万	千	百	十	元	角	分
				¥	4	0	0	0	0	0

币种（√）：人民币☑/美元☐/港币☐/其他：

业务种类（√）：活期☑/ 整整☐/ 定期☐/ 定活☐/ 零整☐/ 教育☐/ 通知☐/ 国债☐/ 其他：　　存期：　　转存标志（√）：自动转存☐/约定转存☐

备注：

新开户请继续填写下列内容：　　通兑方式（√）：通兑☐　　不通兑☐

支取方式（√）：密码☑/证件☐/印鉴☐/

联系地址：长沙市雨花区南湖小区 12-06

证件类型：　　证件号码

代理人证件类型：　　证件号码　　代理人签名：周成

模拟银行西湖支行
20210708
现金付讫

表 2－1－7

模拟银行 存款凭条（银行打印） 日期　2021 年 7 月 8 日

户名　周　成　　账号　1201091105009865　　流水号　1104020298507004

币种　人民币　　钞汇标志

存款金额　（小写）¥4 000.00　（大写）肆仟元整　　手续费金额

业务种类　活期存款　　存期　　转存标志　　转存期

本人确认所办业务与上述银行打印相符。　客户签名：周　成

日期：20210708　　日志号:0708009　　交易码 4012　　币种：人民币

金额：4 000.00　　主管：周小敏　　经办人：张成和

2. 银行柜员交现金及银行卡给客户。

3. 银行交易处理。

借：活期储蓄存款——周成　　　4 000

　　贷：现金　　　　　　　　　　4 000

4. 送别客户，要求客户评价服务操作。

方法二

1. 将卡的箭头或第一个数字对准插卡口，插入 ATM 中，输入密码确认。

2. 选择取款，输入金额，确认，钞票从出钞口出来。

3. 在 30 秒内数完钞票，及时退卡（否则，要被吞卡）。

4. 若吞卡，则要将吞卡凭条保管好，凭吞卡凭条加身份证到柜台领卡。

【实例操作】

例【2－1－4】2021 年 7 月 8 日，客户周成到模拟银行西湖支行取款 4 000 元，不取现金，4 000 转存入其他人账户。

【操作步骤】

方法一

1. 业务受理。

银行柜员聆听客户的陈述，接受客户银行卡。

2. 银行柜员取款操作，取款单客户签字确认。

表 2－1－8

科目：（借）　　　　模拟银行　　　　个人取款凭证

客户确认栏	户名　周　成　　　账号　1201091105009865　　　流水号　1104020298507004 币种　人民币　　　钞汇标志 存款金额　　伍仟元整　　¥4 000.00　　　手续费金额 业务种类　　活期存款　　　存期　　　转存标志　　　转存期 本人确认银行打印内容无误 本备注单填写的内容不作为凭证要素，所有记录以存款人确认的签名打印内容为准　　取款人签名　周　成
银行打印栏	日期：20210708　　　日志号:0708009　　　交易码 4012　　币种：人民币 金额：4 000.00　　　主管：周小敏　　　经办人：24536 请您核对 本栏目内的打印内容

会计主管　　　　复核　　　　经办　刘永兰

3. 银行柜员交银行卡给客户。

4. 银行会计处理。

转出账户是他行

借：活期储蓄存款——周成　　　　4 000

　　贷：清算资金往来　　　　　　　4 000

转出账户是本行

借：活期储蓄存款——周成　　　　4 000

　　贷：活期储蓄存款——XXX　　　　4 000

5. 送别客户，要求客户评价服务操作。

方法二

【操作步骤】

自助终端机一天最多转账 50 000 元，用银行卡 ATM 机转账步骤：

1. 将银行卡插入 ATM 机中，输入密码登录。

2. 选择转账，输入收款人账号，点击确定。

3. 确认收款人账号，输入转账金额，点击确定即可完成。

4. ATM 机转账每天最高转账 50 000 元。

项目活动 4　活期储蓄存款计息销户

【业务名称】

为个人客户周成办理活期储蓄存款计息销户业务

【实例操作】

例【2－1－5】2021 年 9 月 18 日，客户周成到模拟银行西湖支行销户取现，活期存款年利率为 0.35%。

【操作步骤】

1. 客户周成 6 月 20 日计息。

根据银行活期储蓄存款每季末月 20 日的计息规定，6 月 20 日，银行给客户周成计算利息。

根据利息基本公式：利息＝本金×期限×利率，可推算出：

活期存款利息＝累计日积数和×日利率

累计日积数为账户每天的余额之和，现在积数都是电脑系统自动每天累计相加完成，在没有电脑时代，银行工作人员用计息余额表每天手工吊计余额，每季每月相加，每季末 20 日计算利息。

日利率为结息日或销户日银行挂牌公告的活期储蓄存款日利率。

活期存款利息＝50 000×14×0.35%÷360＝6.81（元）

银行会计分录：

借：利息支出——活期储蓄存款利息支出　　6.81

　　贷：活期储蓄存款——周成　　　　　　　6.81

表 2 –1 –9

计息余额表

2021 年 6 月

日期	周成	王敏	张意	周新
…	…	…	…	…
20210605			4 800.00（开户）	80 000.00
20210606			4 900.00	80 000.00
20210607	50 000.00（开户）		6 000.00	9 000.00
20210608	50 000.00	60 000.00（开户）	6 000.00	79 000.00
20210609	50 000.00	60 000.00	6 000.00	8 090.00
20210610	50 000.00	64 000	8 000.00	8 090.00
10 日小计	20 0000	（ ）	（ ）	
20210611	50 000.00	65 000.00	9 000.00	8 090.00
20210612	50 000.00	5 600.00	9 000.00	8 000.00
20210613	50 000.00	36 000.00	9 000.00	28 000.00
20210614	50 000.00	36 000.00	7 000.00	28 000.00
20210615	50 000.00	36 000.00	7 000.00	28 000.00
20210616	50 000.00	36 000.00	6 500.00	29 000.00
20210617	50 000.00	35 000.00	5 600.00	29 000.00
20210618	50 000.00	40 000.00	8 700.00	45 000.00
20210619	50 000.00	46 000.00	8 900.00	45 000.00
20210620	50 000.00	25 000.00	9 000.00	64 000
20 日小计	700 000.00	（ ）	（ ）	
…	…	…	…	…
本月合计	700 000	（ ）	（ ）	
本季合计	700 000	（ ）		
利息	6.81	（ ）	（ ）	

思考：上表中，请填写括号中的积数，并计算出王敏、张意本季利息。周新呢？

2. 销户日 9 月 18 日的利息计算。

表 2－1－10

周成活期储蓄存款明细账

日期	摘要	存入	支取	存款余额	计息期	天数	累计日积数
20190607	开户	50 000. 00		50 000. 00	20190607－20190620	14	50 000×14＝700 000
20190621	结息	6. 81		50 006. 81	20190621－20190704	14	50 006×14＝700 084
20190705	续存	6 000. 00		56 006. 81	20190705－21090707	3	56 006×3＝168 018
20190708	取款		4 000	52 006. 81	20190708－20190917	72	52 006×72＝3 744 432
20190918	销户		52 006. 81	0			

注：因活期存款利率小，计算积数时，舍去存款余额的角分，不影响计息。

活期存款利息＝(700 084＋168 018＋3 744 432)×0. 35%÷360＝44. 84(元)

银行会计分录：

借：活期储蓄存款——周成　　52 006. 81

　　利息支出——活期储蓄存款利息　　44. 84

　　贷：现金　　52 051. 65

表 2－1－11

模拟银行 个人存款利息清单

2021 年 9 月 18 日

姓名	业务种类	币种	本金	账号
周成	活期储蓄	人民币	52 006.81	1201091105009865

计息金额	应税利息	税率	利息税	税后利息	实付金额
52 006	44. 84	0%	0	44. 81	52 051.65

模拟银行西湖支行　20210918　现金付讫

会计主管：　　复核：　　经办：张 兰

3. 活期存款利息计算公式的推导。

活期储蓄存款是指不确定存期、客户可随时存取款、存取金额不限的一种储蓄方式。人民币活期储蓄存款 1 元起存，多存不限，由银行发给存折或卡，开户后可凭存折或卡随时存取，客户欲留银行印鉴或密码的，凭印鉴或密码支取。清户或结息时按当日银行挂牌公告活期利率计息。

利息计算基本公式：利息＝本金×期限×利率

银行活期储蓄存款的利息计算公式：利息＝累计日积数和×日利率

累计日积数和就是每天的存款余额之和，银行简称“积数”，日利率是年利率除以360。

例如，2021年1月1日，客户张志存活期储蓄存款200元，2日存100元，3日取100元，5日存800元，那么这5天，活期储蓄存款“累计日积数和”是多少呢？

表2－1－12

累计日积数和用表格表示如下

日期	摘要	存入	支取	余额
1月1日	存入	200		200
1月2日	存入	100		300
1月3日	支取		100	200
1月4日	没变化			200
1月5日	存入	800		1 000
	累计日积数和			1 900

5天的利息＝1 900×(0.72%/360)＝0.04(元)(设人民银行挂牌利率为0.72%/年)。

特别要注意的是：余额没有变化的日期里，其余额也要相加。

我们知道“利息＝本金×存期×利率”这个基本公式是在本金不变的情况下用的，而活期储蓄存款是本金随储户的意愿随时变化的，银行个人存、取款是自由的。因此活期储蓄存款的利息计算方法是每天按最后的余额作为本金来算利息，即每天按基本公式算利息如下：

1月1日，利息＝本金×存期×利率＝200×1×(0.72%/360) …（1）

1月2日，利息＝本金×存期×利率＝300×1×(0.72%/360) …（2）

1月3日，利息＝本金×存期×利率＝200×1×(0.72%/360) …（3）

1月4日，利息＝本金×存期×利率＝200×1×(0.72%/360) …（4）

1月5日，利息＝本金×存期×利率＝1 000×1×(0.72%/360) …（5）

套用基本公式时，存期和利率是相匹配的。存期是天数，那么其利率就要化成日利率；存期是整月数，利率就是月利率；存期是整年数，利率就是年利率。上面五个式子相加，用乘法分配律，提取公因子，5天的利息之和：

(200＋300＋200＋200＋1 000)×1×(0.72%/360)＝1 900×(0.72%/360)＝0.04

“1 900”正是“累计日积数和”，以此类推，活期储蓄存款10天、30天、90天、360天等等，都是一样计算的。

如果活期存款本金不变，其利息计算是遵循这两个公式的。上面的例题中，张志1月1日存活期储蓄存款100元，此后5天再没有存取过，求这5天的利息？

用基本公式：利息 = 本金 × 存期 × 利率 = 100 × 5 天 × 0.72%/360 = 0.01

用推导公式：活期利息 = 累计日积数和 × 日利率 = (100 + 100 + 100 + 100 + 100) × 0.72%/360 = 100 × 5 × 0.72%/360 = 0.01

结果是一样的，因此银行活期储蓄存款利息的公式就从基本公式中得出来了。

模块一　活动练习题

一、单项选择题

1. 你到自助银行取款，ATM 机吞卡后，应及时联系（　　）领取。

A. 公安局　　B. 派出所　　C. 银行　　D. 社区

2. 以下哪种证件不能作为开立个人银行账户须出具的有效证件（　　）。

A. 学生证　　B. 身份证　　C. 护照　　D. 军官证

3. 我国储蓄存款按季结息，结息日为（　　）。

A. 每季末月月底　　B. 每季月底

C. 每季末月 20 日　　D. 每季末月 21 日

4. 承担个人银行业务结算功能，存款、购买投资理财产品等金融产品、转账、消费和缴费支付、支取现金等业务是（　　）。

A. Ⅲ类账户　　B. Ⅱ类账户　　C. 个人账户　　D. Ⅰ类账户

5. 储蓄存款利息时，“累计日积数和”是指（　　）。

A. 每天存款的余额之和　　B. 每季存款的余额之和

C. 每月存款的余额之和　　D. 每旬存款的余额之和

二、分录练习题

1. 张红 2021 年 6 月 1 日到模拟银行开户，并存入现金 8 000 元。

2. 张红 2021 年 6 月 9 日到模拟银行存续存现金 9 000 元。

3. 张红 2021 年 6 月 20 日到模拟银行取现金 5 000 元。

4. 张红 2021 年 7 月 1 日到模拟银行销户，取出全部存款。

三、利息计算题

1. 张茜 2021 年 6 月 1 日到银行开户存入 2 000 元活期存款，6 月 2 日取出 500 元，6 月 7 日又存入 800 元，6 月 9 日取出 100 元，请分别用活期明细账和计息余额表计算 6 月上旬张茜的活期储蓄利息是多少？

张茜活期明细账

日期	摘要	收入	付出	余额	计息期	计息积数

计息余额表

日期	张茜	XXX	XXX	XXX

2. 2021 年 2 月 1 日，客户李立银行借记卡余额 2 500 元，2 月 4 日取出 500 元，2 月 6 日存入 1 000 元。请算出这 6 天李立借记卡的存款利息。

模块二　定期储蓄存款业务处理

相关业务基础知识

一、定期储蓄存款

定期储蓄存款是约定存期，一次或分次存入，一次或多次取出本金或利息的一种储蓄。定期储蓄存款存期越长利率越高。

定期储蓄主要有以下几种：整存整取定期储蓄存款，零存整取定期储蓄存款，存本取息定期储蓄存款，教育储蓄存款等。

（一）整存整取定期储蓄存款

整存整取定期储蓄存款是在存款时约定存期，一次存入本金，全部或部分支取本金和利息的服务。整存整取定期存款 50 元起存，其存期分为三个月、半年、一年、二年、三年、五年。

（二）零存整取定期储蓄存款

零存整取存款是指客户按月定额存入，到期一次支取本息的服务。零存整取存款人民币 5 元起存，多存不限。零存整取存款存期分为一年、三年、五年。存款金额由客户自定，每月存入一次。

（三）存本取息定期储蓄存款

存本取息存款是指存款本金一次存入，约定存期及取息期，存款到期一次性支取本金，分期支取利息的业务。存本取息定期存款 5 000 元起存。存本取息定期存款存期分为一年、三年、五年。存本取息定期存款取息日由客户开户时约定，可以一个月或几个月取息一次；取息日未到不得提前支取利息；取息日未取息，以后可随时取息，但不计复息。

（四）教育储蓄存款

教育储蓄存款是一种特殊的零存整取定期储蓄存款，享受优惠利率，更可获取额度内利息免税。起存金额：50 元，本金合计最高限额为 2 万元人民币。适用于在校小学四年级（含四年级）以上的学生。

教育储蓄存款利率：存款到期，凭存款人接受非义务教育（全日制高中、大中专、大学本科、硕士和博士研究生）的录取通知书或学校开具的存款人正在接收非义务教育的学生身份证明，可享受整存整取的利率。在存期内遇有利率调整，按开户日挂牌公告的相应储蓄存款利率计付利息，不分段计息。

二、定期储蓄存款的利息计算

（一）整存整取定期储蓄存款

整存整取定期储蓄存款开户的手续与活期储蓄存款相同，只是银行给储户的取款凭证一般是存单。储户提前支取时必须提供身份证件，代他人支取的不仅要提供存款人的身份证件，还要提供代取人（或称代理人）的身份证件。该储种只能进行一次部分提前支取。计息按存入时的约定利率计算，利随本清。提前支取按支取日挂牌公告的活期储蓄存款利率计付利息。提前支取，须凭存单和存款人的身份证明。

整存整取定期储蓄存款可以和银行约定自动转存，自动转存的期限一般不超过原存期。如存款时没有和银行约定自动转存，到期日后的逾期部分按活期存款计付利息。

整存整取定期储蓄存款利息的计算公式：

利息＝本金×存期×利率

（二）零存整取定期储蓄存款

零存整取定期储蓄存款开户手续与活期储蓄相同，只是每月要按开户时的金额进行续存，每月存入一次，中途如有漏存，应在次月补齐。客户可以约定零存整取账户进行自动供款，即在开立零存整取存款时，由客户指定某一活期存款账户，系统自动按月从该活期账户扣划相应金额至零存整取账户。存期内按存入日挂牌公告利率计息。

客户提前支取时的手续比照整存整取定期储蓄存款有关手续办理。办理提前支取须凭有效身份证件，不办理部分提前支取。零存整取可以使您在获得高于活期储蓄存款利息收入的同时，集零成整，有计划性、约束性、积累性地积攒财富。

零存整取定期储蓄存款利息计算公式：

1. 固定基数计息法

利息＝每月固定存款额×固定基数×月利率

1年期固定基数 = 12 × (12 + 1)/2 = 78

3年期固定基数 = 36 × (36 + 1)/2 = 666

5年期固定基数 = 60 × (60 + 1)/2 = 1 830

2. 月积数计息法

利息 = 累计月积数和 × 月利率

累计月积数和是指每月余额之和。

（三）存本取息定期储蓄存款

计息方法类比整存整取定期储蓄存款

（四）教育储蓄存款

计息方法类比零存整取定期储蓄存款

项目活动1　整存整取定期储蓄存款开户

【业务名称】

为个人客户张红办理整存整取定期储蓄存款开户业务

【实例操作】

例【2-2-1】2020年6月1日，客户张红持现金50 000元整到模拟银行西湖支行开立整存整取定期储蓄存款账户。存期一年，利率1.98%，张红出示本人身份证，身份证号为420101199506039811。

【操作步骤】

1. 业务受理。

银行柜员聆听客户业务要求，接受客户的身份证件和现金。

2. 业务审核。

银行柜员审核客户身份证件真实有效，客户填写的整存整取凭证是否正确、完整，清点现金额度是否与填写一致。

3. 业务交易处理。

银行柜员出库空白重要凭证整存整取定期存单一张，凭证号为24641614（如下表2-2-3），使用此凭证办理业务。重要空白凭证使用银行做单式账务处理如下：

付出：重要空白凭证——储蓄存款单　　　1

表 2－2－1

<u>模拟银行 存款凭条</u>

日期　2020 年 6 月 1 日

户名：张 红　　账号：

币种（√）：人民币☑/美元☐/港币☐/其他：

金额：

亿	仟	佰	十	万	千	百	十	元	角	分
			¥	5	0	0	0	0	0	0

业务种类（√）：活期☐/ 整整☑/ 定期☐/ 定活☐/ 零整☐/ 教育☐/ 通知☐/ 国债☐/ 其他：

存期：　　转存标志（√）：自动转存☑/约定转存☐

备注：

新开户请继续填写下列内容：

支取方式（√）：密码☑/证件☐/印鉴☐/　　通兑方式（√）：通兑☐/不通兑☐

联系地址：

证件类型：身份证　　证件号码

代理人证件类型：　　证件号码

4	2	0	1	0	1	1	9	9	5	0	6	0	3	9	8	1	1

代理人签名：张红

模拟银行西湖支办
20200601
现金收讫

表 2－2－2

<u>模拟银行 存款凭条（银行打印）</u>

日期　2020 年 6 月 1 日

户名　张 红　　账号　1201081104209870　　流水号　1104020298607210

币种　人民币　　钞汇标志

存款金额　（小写）¥50000.00　　手续费金额

（大写）伍万元整

业务种类　活期存款　　存期　　转存标志　　转存期

本人确认所办业务与上述银行打印相符。　　客户签名：张 红

日期：20200601　　日志号:0601009　　交易码 4013　　币种：人民币

金额：50 000.00　　主管：周小敏　　经办人：张兰

银行会计分录：

借：现金　　50 000

　　贷：整存整取定期储蓄存款——张红　　50 000

4. 后续处理。

把办好的整存整取存单交给客户，身份证退回给客户。银行柜台上有电子屏，要求客户对此次业务的满意度做评价。

项目活动 2　整存整取定期储蓄存款计息销户

【业务名称】

为个人客户张红办理整存整取定期储蓄存款销户

【实例操作】

例【2-2-2】2021 年 6 月 1 日，客户张红持一年期整存整取存单到模拟银行西湖支行销户取现。

表 2-2-3

模拟银行　储蓄存款存单　NO.24641614

整存整取

起息日	到期日	存期	年利率	到期利息	操作员
20200601	20210601	一年	1.98%	990.00	3568

户名 张　红　　账号 1201081104209870　　本息转存

存入金额 人民币伍万元整　　CNY50,000.00

支取方式 凭密 同城

授权人签章　　存款专用章

模拟银行西湖支行 20210601 会计业务公章

账　号	支取日	支取本金	利息	税金	税后本息合计	操作员	流水号

【操作步骤】

1. 业务受理。

客户向银行柜员描述其所需办理业务的类型，并向银行出示：储蓄存款存单。银行柜台接受客户存单。

2. 业务审核。

柜员审核图示存单，审核是否本行开户存单、到期日、业务公章等信息，核实存单。

3. 业务处理。

表 2-2-4

模拟银行　储蓄存款存单　NO.24641614

整存整取

起息日	到期日	存期	年利率	到期利息	操作员
20200601	20210601	一年	1.98%	990.00	3568

户名 张　红　　账号 1201081104209870　　本息转存

存入金额 人民币伍万元整　　CNY50,000.00

支取方式 凭密 同城

授权人签章　　存款专用章

模拟银行西湖支行 20210601 现金付讫

模拟银行西湖支行 20200601 会计业务公章

账　号	支取日	支取本金	利息	税金	税后本息合计	操作员	流水号
1201081104209870	20210601	50 000.00	1.98%	0	50 990.00	3576	237688778

表 2-2-5

模拟银行 个人存款利息清单

2021 年 6 月 1 日

姓名	业务种类		币种	本金	账号
张红	定期储蓄		人民币	50 000.00	1201091105009865
计息金额	应税利息	税率	利息税	税后利息	实付金额
50 000.00	990. 00	0%	0	990. 00	50 990.00

模拟银行西湖支行 20210601 现金付讫

会计主管：　　复核：　　经办：张 兰

银行会计分录：

借：整存整取定期储蓄存款——张红　　50 000

　　利息支出——整存整取定期储蓄存款利息支出　　990

　　贷：现金　　50 990

如本例题客户张红不是到期日支取，而是逾期支取，逾期期限不到一年，逾期部分支付活期利息。则会计分录为：

借：整存整取定期储蓄存款——张红

　　利息支出——整存整取定期储蓄存款利息支出

　　利息支出——活期储蓄存款利息支出

　　贷：现金

4. 后续处理。

办好业务，利息回单交给客户。银行柜台上有电子屏，要求客户对此次业务的满意度做评价。

项目活动 3　零存整取定期储蓄存款开户

【业务名称】

为个人客户张红办理零存整取定期储蓄存款开户业务

【实例操作】

例【2-2-3】2020 年 6 月 3 日，客户张红持现金 2 000 元整到模拟银行西湖支行开立一年期零存整取定期储蓄存款账户，张红出示本人身份证，身证号为 420101199506039811

【操作步骤】

1. 业务受理。

银行柜员聆听客户业务要求，接受客户的身份证件和现金。

2. 业务审核。

银行柜员审核客户身份证件真实有效，客户填写的零存整取凭证是否正确、完整，清点现金额度是否与填写一致。

3. 业务处理。

表 2－2－6

模拟银行 存款凭条

日期　2020 年 6 月 3 日

户名：张 红　　账号：

币种（√）：人民币☑/美元☐/港币☐/其他：

金额	亿	仟	佰	十	万	千	百	十	元	角	分
					¥	2	0	0	0	0	0

业务种类（√）：活期☐/ 整整☐/ 定期☐/ 定活☐/ 零整☑/ 教育☐/ 通知☐/ 国债☐/ 其他：

存期：一年　　转存标志（√）：自动转存☐/约定转存☐

备注：

新开户请继续填写下列内容：

支取方式（√）：密码☑/证件☐/印鉴☐/　　通兑方式（√）：通兑☑　不通兑☐

联系地址：

证件类型：身份证　　证件号码

4	2	0	1	0	1	1	9	9	5	0	6	0	3	9	8	1	1

代理人证件类型：　　证件号码

模拟银行西湖支行
20200603
现金收讫

代理人签名：张红

银行会计分录

借：现金　　2 000

　　贷：零存整取定期储蓄存款——张红　　2 000

4. 后续处理。

把办好的零存整取存折交给客户，身份证退回给客户。银行柜台上有电子屏，要求客户对此次业务的满意度做评价。

项目活动 4　零存整取定期储蓄存款计息销户

【业务名称】

为个人客户张红办理零存整取定期储蓄存款销户业务

【实例操作】

例【2-2-4】2021 年 6 月 3 日，客户张红到模拟银行西湖支行销户零存整取定期储蓄存款账户。零存整取 2020 年 6 月 3 日年利率 2.18%。

【操作步骤】

1. 业务受理。

银行柜员聆听客户业务要求，接受客户张红的零存整取存折。

2. 业务审核。

银行柜员审核客户的零存整取存折真实有效，期限已满。

3. 交易处理业务表。

表 2-2-7

账号 1201081104209870　　户名 张 红

币种 人民币　　钞汇标志 钞

开户网点名称 模拟银行西湖支行

模拟银行西湖支行
20200603
业务公章

银行签章

签发日期 20200603　　属性　　通存通兑 通兑　　印密

日期	摘要	支出（—）或	存入（+）	结余	网点号	操作
20200603	存现	模拟银行西湖支行 结清	2 000.00	2 000.00	0531	4325
20200708	存现		2 000.00	4 000.00	0531	4324
20200821	存现		2 000.00	6 000.00	0531	4325
20200907	存现		2 000.00	8 000.00	0531	4321
20201021	存现		2 000.00	10 000.00	0531	4324
20201121	存现		2 000.00	12 000.00	0531	4325
20201228	存现		2 000.00	14 000.00	0531	4324
20210109	存现		2 000.00	16 000.00	0532	4310
20210215	存现		2 000.00	18 000.00	0532	4309
20210321	存现		2 000.00	20 000.00	0531	4324
20210409	存现		2 000.00	22 000.00	0531	4325
20210530	存现		2 000.00	24 000.00	0531	4325
20210603	销户	24 000.00		0	0531	4324

表 2-2-8

模拟银行 个人存款利息清单

2021 年 6 月 3 日

姓名	业务种类		币种	本金	账号	
张红	零存整取		人民币	24 000.00	1201081104209870	
计息金额	应税利息	税率	利息税		税后利息	实付金额
24 000.00	283.40	0%	0		283.40	24 283.40

（印章：模拟银行西湖支行 20210603 现金付讫）

会计主管：　　复核：　　经办：张兰

用固定基数法计算利息。

利息 = 每月固定存款额 × 固定基数 × 月利率 = 2 000 × 78 × 2.18%/12 = 283.40(元)

银行会计分录：

借：零存整取定期储蓄存款——张红　　24 000

　　利息支出——零存整取定期储蓄存款利息　　283.40

　　贷：现金　　24 283.40

如客户张红要求零存整取的本金和利息不取现金，全部转存到活期储蓄存款的银行卡上。

银行会计分录为：

借：零存整取定期储蓄存款——张红　　24 000

　　利息支出——零存整取定期储蓄存款利息　　283.40

　　贷：活期储蓄存款——张红　　24 283.40

4. 后续处理。

把办好的利息清单交第二联给客户。银行柜台上有电子屏，要求客户对此次业务的满意度做评价。

模块二　活动练习题

一、单项选择题

1. 下列不属于定期储蓄存款的是（　　）。

A. 整存整取定期储蓄存款　　B. 零存整取定期储蓄存款

C. 存本取息定期储蓄存款　　D. 个人通知存款

2. 零存整取定期储蓄存款开户手续与活期储蓄相同，每月存入一次，中途如有漏存，应在（　　）补齐。

A. 次月　　B. 本月

C. 最后一个月　　D. 倒数第二个月

3. 整存整取定期储蓄存款提前支取按（　　）存款利率计付利息。

A. 存款日挂牌公告的活期储蓄　　B. 存款日挂牌公告的定期储蓄

C. 支取日挂牌公告的活期储蓄　　D. 支取日挂牌公告的定期储蓄

4. 王小明到银行提前支取父亲王朋的整存整取定期储蓄存款 50 000 元，王小明要带的证件（　　）。

A. 王小明的身份证　　B. 王朋的身份证

C. 王小明和王朋的身份证　　D. 都不用带

5. （　　）可以使您在获得高于活期储蓄存款利息收入的同时，集零成整，有计划性、约束性、积累性地积攒财富。

A. 零存整取定期储蓄存款　　B. 整存整取定期储蓄存款

C. 整存零取储蓄存款　　D. 教育储蓄

6. 整存整取定期储蓄存款在存期内如遇利率调整，按（　　）计付利息。

A. 调整后挂牌公告同档利率　　B. 存款日的挂牌公告利率

C. 调整后挂牌公告同档利率打六折　　D. 按不同利率分段

7. 零存整取定期储蓄存款在存期内如遇利率调整，按（　　）计付利息。

A. 调整后挂牌公告同档利率　　B. 存款日的挂牌公告利率

C. 调整后挂牌公告同档利率打六折　　D. 按不同利率分段

8. 活期储蓄存款如遇利率调整，销户时按（　　）计付利息。

A. 开户日挂牌公告利率　　B. 调整日挂牌公告利率

C. 按不同利率分段　　D. 销户日挂牌公告利率

二、分录练习题

1. 2021 年 5 月 1 日，客户张兰持身份证和 15 000 元现金到模拟银行西湖支行开立整存整取定期储蓄存款账户，银行柜员为其开定期一年存单一张，利率 1.98%，请写分录。

2. 2021 年 5 月 20 日，客户张兰持去年 5 月 1 日开户的整存整取存款单到模拟银行西湖支行销户。请计算利息并写分录。

3. 2019 年 6 月 1 日，客户张兰持身份证到模拟银行西湖支行要求从其活期储蓄存款中转出 100 000 元，开立整存整取定期储蓄存款账户，银行柜员为其开定期一年存单一张，利率 1.98%。2021 年 6 月 8 日，张兰到银行销户。请做出全部业务分录。

4. 2018 年 3 月 1 日，客户周敏持身份证和 2 000 元现金到模拟银行西湖支行开立零存整取账户，存期 3 年，利率 1. 8%。请写分录。

5. 接 4 题，周敏此后每月定期存款 2 000 元。2021 年 3 月 1 日到期销户。请计算其利息并写分录。

三、实操题

2021 年 3 月 8 日，客户钟明宇在北京银行某支行开立整存整取定期存款账户存入现金 10 000 元，存期 1 年，利率为 1. 98%。6 月 8 日钟明宇到上述储蓄机构，从其定期储蓄账户提前支取现金 4 000 元，假设提取当时银行挂牌公告的活期利率为 0. 72%。2021 年 3 月 8 日钟明宇办理销户，取走全部存款。

（1）做出 2021 年 3 月 8 日开立整存整取定期存款账户的账务处理。

（2）计算 2021 年 6 月 8 日提前支取的利息并做账务处理。

（3）计算 2021 年 3 月 8 日到期全部支取的利息并做账务处理。

模块三　其他储蓄存款业务处理

相关业务基础知识

一、定活两便

定活两便储蓄存款是存款时不确定存期，一次存入本金随时可以支取的业务，定活两便存款 50 元起存。

存款利率的确定：存期不满三个月的，按天数计付活期利息；存期三个月以上（含三个月），不满半年的，整个存期按支取日定期整存整取三个月存款利率打六折计息；存期半年以上（含半年），不满一年的，整个存期按支取日定期整存整取半年期存款利率打六折计息；存期在一年以上（含一年），无论存期多长，整个存期一律按支取日定期整存整取一年期存款利率打六折计息。

二、通知存款

通知存款是一种不约定存期，支取时需提前通知银行，约定支取日期和金额方能支取的存款。通知存款不论实际存期多长，按存款人提前通知的期限长短划分为一天通知存款和七天通知存款两个品种。一天通知存款必须提前一天通知约定支取存款，七天通知存款则必须提前七天通知约定支取存款。

如支取时未提前通知银行，则按活期存款利率支付利息。

项目活动1　定活两便储蓄存款开户

【业务名称】

为个人周成办理定活两便储蓄存款开户业务

【实例操作】

例【2-3-1】2020年6月3日，客户周成到模拟银行西湖支行开立定活两便存款，存入现金5 000元整。周成出示本人身份证，身份证号为430101199506071223。

【操作步骤】

1. 业务受理。

银行柜员聆听客户业务要求，接受客户的身份证件和现金。

2. 业务审核。

银行柜员审核客户身份证件真实有效，客户填写的凭证是否正确、完整，清点现金额度是否与填写一致。

3. 交易处理业务。

表2-3-1

模拟银行 存款凭条

日期　2020年6月3日

户名　周成　　账号：

币种（√）：人民币☑/美元☐/港币☐/其他：

金额	亿	仟	佰	十	万	千	百	十	元	角	分
					¥	5	0	0	0	0	0

业务种类（√）：活期☐/ 整整☐/ 定期☐/ 定活☑/ 零整☐/ 教育☐/ 通知☐/ 国债☐/ 其他：

存期：　　转存标志（√）：自动转存☐/约定转存☐

备注：

新开户请继续填写下列内容：

支取方式（√）：密码☑/证件☐/印鉴☐/　　通兑方式（√）：通兑☑　不通兑☐

联系地址：

证件类型：身份证　　证件号码

4	3	0	1	0	1	1	9	9	5	0	6	0	7	1	2	2	3

代理人证件类型：　　证件号码

模拟银行西湖支行　20200603　现金收讫

代理人签名：周成

银行会计分录：

借：现金　　5 000

　　贷：定活两便储蓄存款——张红　　5 000

4. 后续处理。

把办好的定活两便存单交给客户，身份证退回给客户。银行柜台上有电子屏，要求客户对此次业务的满意度做评价。

例【2－3－2】2020年6月3日，周成到模拟银行西湖支行从其活期储蓄存款账户转出5 000元整，开立定活两便存款账户。周成出示本人身份证，身份证号为430101199506071223。

1. 业务受理。

客户向银行柜员描述其所需办理的业务类型，并向其出示：存款凭条、本人身份证件。

2. 业务审核。

表2－3－2

模拟银行 存款凭条

日期　2020年6月3日

户名　周 成　　账号：

币种（√）：人民币☑/美元☐/港币☐/其他：　　金额

亿	仟	佰	十	万	千	百	十	元	角	分
				¥	5	0	0	0	0	0

业务种类（√）：活期☐/ 整整☐/ 定期☐/ 定活☑/ 零整☐/ 教育☐/ 通知☐/ 国债☐/ 其他：

存期：　　转存标志（√）：自动转存☐/约定转存☐

备注：

新开户请继续填写下列内容：

支取方式（√）：密码☑/证件☐/印鉴☐/　　通兑方式（√）：通兑☑　不通兑☐

联系地址：

证件类型：身份证　　证件号码

4	3	0	1	0	1	1	9	9	5	0	6	0	7	1	2	2	3

代理人证件类型：　　证件号码

西湖支行
20200603
转讫

代理人签名：周成

银行柜员审核客户身份证件真实有效，客户填写的存款凭条是否正确、完整，清点现金额度是否与填写一致。

3. 交易处理业务。

银行会计分录：

借：活期储蓄存款——周成　　5 000

　　贷：定活两便储蓄存款——张红　　5 000

4. 后续处理。

把办好的定活两便存单交给客户，身份证退回给客户。银行柜台上有电子屏，要求客户对此次业务的满意度做评价。

项目活动 2　定活两便储蓄存款计息销户

【业务名称】

为个人客户周成办理定活两便储蓄存款销户业务

【实例操作】

例【2－3－3】2021 年 6 月 10 日，客户周成持定活两便存单到模拟银行西湖支行，要求销户并支取现金。

【操作步骤】

1. 业务受理。

银行柜员聆听客户业务要求，接受客户的定活两便存单。

2. 业务审核。

银行柜员审核定活两便存单开户行、开户日期、公章等是否完整有效。

3. 交易处理业务。

表 2－3－3

模拟银行　储蓄存款存单

NO.346418200

定活两便

起息日	到期日	存期	年利率	到期利息	操作员
20200603					3568

户名　周成　　账号　1201091104201860　　本息转存

存入金额　人民币伍仟元整　　CNY5 000.00

支取方式　凭密　同城

授权人签章　　存款专用章

模拟银行西湖支行　20210610　现金付讫

模拟银行西湖支行　20200603　会计业务公章

账　号	支取日	支取本金	利息	税金	税后本息合计	操作员	流水号
1201091104201860	20210610	5 000.00	1.98%*0.6	0	5 061.38	3569	12345897

利息支付单见（表 2－2－8）。

该笔存款实际存期超过一年，为 372 天，按一年期整存整取定期储蓄存款利率六折计算利息。其利息计算为：

利息 $=5\,000\times372\times1.98\%\times60\%\div360=61.38$（元）

银行会计分录：

借：定活两便储蓄存款——周成　　5 000

　　利息支出——定活两便存款利息支出　　61.38

　　贷：现金　　5 061.38

如客户销户不要求支取现金，存入其活期储蓄存款。则会计分录为：

借：定活两便储蓄存款——周成

　　利息支出——定活两便存款利息支出

　　贷：活期储蓄存款——周成

例【2-3-4】周成2021年6月10日持定两活两便存单到模拟银行西湖支行，要求销户。销户不要求支取现金，由模拟银行西湖支行汇入其他银行其他人账户4 900元，余款退回给周成。

西湖支行会计分录为：

借：定活两便储蓄存款——周成　　5 000

　　利息支出——定活两便存款利息支出　　61.38

　　贷：清算资金往来　　4 900

　　　　现金　　161.38

项目活动3　个人通知存款开户

【业务名称】

为个人客户周成办理定活两便储蓄存款开户业务

【实例操作】

例【2-3-5】2021年6月3日，客户周成到模拟银行西湖支行开立通知存款，转账存入500 000元。周成出示本人身份证，身份证号430101199506071223。

【操作步骤】

1. 业务受理。

银行柜员聆听客户业务要求，接受客户的身份证件和转账转出银行卡或存折。

2. 业务审核。

银行柜员审核客户身份证件真实有效，客户填写的凭证是否正确、完整，清点现金额度是否与填写一致。

3. 交易处理业务。

银行会计分录：

借：活期储蓄存款——周成　　500 000

　　贷：个人通知存款——周成　　500 000

4. 后续处理。

把办好的通知存款存单交给客户，身份证退回给客户。银行柜台上有电子屏，要求客户对此次业务的满意度做评价。

项目活动4　个人通知存款计息销户

【业务名称】

为个人客户周成办理个人通知存款销户业务

【实例操作】

例【2－3－6】2021年6月20日，客户周成通知银行支取全部通知存款，6月27日如约到模拟银行西湖支行支取通知存款（设7天通知存款利率为1.35%）。周成出示身份证，身份证号为430101199506071223。

【操作步骤】

1. 业务受理。

银行柜员聆听客户业务要求，接受客户的身份证件和转账转出银行卡或存折。

表2－3－4

模拟银行　通知存款通知/取消通知

2021年6月3日

银行打印				
证实书/存单号	08769002	通知时间	2021.6.20	客户签章：周成
通知支取日	2021.6.27			模拟银行西湖支行 20210607 业务公章
账户实际金额	¥500 000.00			银行签章：
通知/取销金额	¥500 000.00　（大写）人民币伍拾万元整			
				经办人：周意

2. 业务审核。

银行柜员审核6月20日的通知存款通知，客户身份证件真实有效，客户通知存款单真实有效等情况。

3. 业务交易处理。

该笔业务通知存款存期是2021年6月3日到2021年6月27日，计24天。

利息＝50 0000×24×1.35%÷360＝450(元)

银行会计分录：

借：个人通知存款——周成　　500 000

　　利息支出——通知存款利息支出　　450

　　贷：现金　　500 450

4. 后续处理。

把现金交给客户，提醒客户当面清点，身份证退回给客户。银行柜台上有电子屏，要求客户对此次业务的满意度做评价。

模块三　活动练习题

一、单项选择题

1. 定活两便储蓄存款存期不满三个月的，按（　　）计付利息。

A. 支取日活期利率　　B. 三个月定期利率

C. 存款日活期利率　　D. 三个月定期利率打六折

2. 定活两便储蓄存款存期满三个月的，不满六个月的，按（　　）计付利息。

A. 三个月定期利率　　B. 三个月定期利率打六折

C. 六个月定期利率　　D. 六个月定期利率打六折

3. 通知存款不论实际存期多长，按存款人提前通知的期限长短划分为（　　）通知存款和七天通知存款两个品种。

A. 十天　　B. 三天

C. 一天　　D. 六天

4. 通知存款如支取时未提前通知银行，则按（　　）利率支付利息。

A. 1 天通知存款　　B. 7 天通知存款

C. 整存整取定期　　D. 活期存款

二、计算分录题

1. 某储户 2018 年 3 月 1 日开立定活两便账户，存入现金 35 000 元，6 月 2 日支取（定活两便利率 2.85%）。

（1）写出存入日分录。

（2）请计算利息并做支取日分录。

2. 储户张红 2017 年 1 月 2 存入个人通知存款 200 000 元（7 天通知，利率 1.35%），2017 年 2 月 3 日来银行约定取款 100 000 元，并于 2 月 10 日前来支取了现金 100 000 元。

（1）写出存入日分录。

（2）请计算其利息并做支取时的分录。

模块四　个人结算业务处理

相关业务基础知识

一、票据业务

票据是由出票人承诺由自己或者委托他人支付一定金额的有价证券。把握这一概念，需要从三个方面进行理解：

第一，票据是一种有价证券，具有一定的票面金额，而且表示对财产的所有权或债权，谁拥有了票据，谁就有权凭票据取得票据上规定的金额，正如谁拥有公司的股票，谁就拥有了公司财产的相应部分。票据权利的产生、转移和行使等均以它本身的存在为前提，也就是说，票据持有人只有得到了票据才得到了收取款项的权利，如果他将票据转让给他人，那么他收取款项的权利也随之转让，他要取得款项必须交出票据。

第二，票据是出票人作出的到期向持票人支付一定金额的承诺。出票人开出票据，它就必须承担到期支付票据上规定的金额的义务，只有它支付了金额才能解除其承担的义务。

第三，票据出票人作出的付款承诺是无条件的，即出票人履行付款的义务不能有赖于某一事件的发生或者某些情况的出现或者某一行为的做出作为先决条件。也就是说，出票人一旦开出票据，那么不管是否发生或不发生某些事情或某些行为，它都必须到期支付规定的款项。按照我国票据法的规定，票据包括汇票、本票和支票。票据可以从不同的角度进行不同的分类。

广义上的票据包括各种有价证券和凭证，如股票、国库券、企业债券、发票、提单等；狭义上的票据则仅指《票据法》上规定的票据，本节仅指狭义上的票据。

票据按照付款时间分类，可以分为即期票据和远期票据。即期票据是指付款人见票后必须立即付款给持票人的票据，如支票及见票即付的汇票，远期票据是付款人见票后在一定期限或特定日期付款的票据。

票据按收款人记载方式不同可以分为记名票据和不记名票据。记名票据是指在票据上注明受款人姓名可由受款人以背书方式转让，付款人只能向受款人或其指定的人付款的票据。不记名票据是指票面上不记载受款人姓名，可不经背书而直接以交付票据为转让，付款人可以对任何持票人付款的票据。

二、个人票据业务

根据结算法律制度的规定，允许个人使用的票据有支票、银行本票、银行汇票。

支票是指以银行为付款人的即期汇票。具体来说，支票是银行存款户对银行签发的授权银行对某人或其指定人或执票来人即期支付一定金额的无条件书面支付命令。支票分现金支票、转账支票和普通支票。现金支票只能支取现金，转账支票只能转账，普通支票既可支取现金，又可转账。如普通支票右上角划两条斜线，称为划线支票，只能转账。我国《票据法》规定，支票的持票人应当自出票日起10日内提示付款。

支票的必要项目有：

（1）写明其为“支票”字样；

（2）无条件支付命令；

（3）付款银行名称；

（4）出票人签章；

（5）出票日期；

（6）一定金额；

（7）收款人或其指定人。

银行本票是由“银行”签发的，承诺自己在见票时无条件支付确定的金额给收款人或者持票人的票据。银行本票可用于转账，填明“现金”字样的银行本票可以支取现金。申请人或者收款人为单位的，银行不得为其签发现金银行本票。银行本票的提示付款期限自出票日起最长不得超过2个月。

签发银行本票时必须记载的事项：

（1）表明“本票”的字样；

（2）无条件支付的承诺；

（3）确定的金额；

（4）收款人名称；

（5）出票日期；

（6）出票人签章。

银行汇票是出票银行签发的，由其在见票时按照实际结算金额无条件支付给收款人或者持票人的票据，银行汇票的提示付款期限自出票日起一个月内。

银行汇票的出票银行为银行汇票的付款人。银行汇票一式四联，第一联为卡片联；第二联为银行汇票，与第三联解讫通知一并由汇款人自带，在兑付行兑付汇票后此联做联行往来账付出传票；第三联解讫通知，在兑付行兑付后随报单交签发行，由签发行做余款收入传票；第四联是多余款通知，并在签发行结清后交汇款人。单位和个人各种款项的结算，均可使用银行汇票。银行汇票可以用于转账，填明“现金”字样的银行汇票也可以用于支取现金。申请人或者收款人为单位的，不得在“银行汇票申请书”上填明“现金”字样。

银行汇票的必须记载事项有：

（1）表明“银行汇票”的字样；

（2）无条件支付的承诺；

（3）确定的金额；

（4）付款人名称；

（5）收款人名称；

（6）出票日期；

（7）出票人签章。

汇票上未记载上述事项之一的，汇票无效。票据金额以中文大写和数码同时记载，两者必须一致，两者不一致的，票据无效。

票据中不允许个人使用的有商业汇票。商业汇票是出票人签发的，委托付款人在指定日期无条件支付确定的金额给收款人或者持票人的票据。商业汇票分为商业承兑汇票和银行承兑汇票。商业承兑汇票由银行以外的付款人承兑（付款人为承兑人），银行承兑汇票由银行承兑。

三、个人汇兑业务

汇兑又称“汇兑结算”，是指企业（汇款人）委托银行将其款项支付给收款人的结算方式。单位和个人的各种款项的结算，均可使用汇兑结算方式。这种方式便于汇款人向异地的收款人主动付款，适用范围十分广泛。简而言之，汇兑即委托银行作为付款人进行付款。

汇兑根据划转款项的不同方法以及传递方式的不同可以分为信汇和电汇两种，由汇款人自行选择。随着计算机网络技术的发展，汇兑不再通过信汇和电汇支付，都是通过现代网络技术实现支付，也称电子汇兑。

项目活动1 个人票据业务

【业务名称】

为个人客户张红办理现金支取业务

【操作实例】

例【2-4-1】2021年5月26日，客户张红在西湖支行开立了个人结算账户，领购普通支票一本（凭证号码01235001-01235025）。张红身份证号码420101199506039811。

【操作步骤】

1. 客户填写支票领购单的日期、户名、账号、领购经办人、身份证号、领购单位预留银行印章。

2. 银行柜员填写领购普通支票的起止号码。

3. 客户交工本费和手续费给银行。

4. 银行交易处理。

借：现金 17.50

　　贷：手续费收入——工本费 7.5

　　　　　　　　　——手续费 10

表2-4-1

支票领购单 2021年5月26日

户名	张红	账号	1201091101206004
领购	普通支票1本	起止号码	自 01235001 号至 01235025
领购单位签章（预留银行印章） 张红之印		领购单位经办人	张红
		身份证号	420101199506039811
		银行经办人 经发：张兰 验印：张兰	

表 2 –4 –2

模拟银行收费单

科目　　　　　　　　2021 年 5 月 26 日

项 目	摘 要	金 额							
		十	万	千	百	十	元	角	分
领购支票	手续费					1	0	0	0
	工本费						7	5	0
合计	（大写）壹拾柒元伍角整				¥	1	7	5	0

（印章：模拟银行西湖支行 20210526 现金收讫）

经办人 张 兰　　　　　　　　复核人

5. 后续处理。

开户单位来银行购买空白普通支票一本，每本 25 份，用单式记账法记账如下：

付出：重在空白凭证——普通支票　　　25

例【2 –4 –2】2021 年 6 月 20 日开出第一张支票（如下图），到银行取款 20 000 元。存根部分自留做账。

表 2 –4 –3

模拟银行
普通支票存根
A01235001
附加信息

出票日期 2021 年 6 月 20 日
收款人：张红
金 额：¥20000.00
用 途：备用
单位主管　会计

本支票付款期限十天

模拟银行 普通支票（模）　　　A01235001

出票日期（大写）贰零贰壹 年 陆 月 零贰拾 日　　付款行名称：西湖支行
收款人：张红　　　　出票人账号：1201091101206004

人民币（大写）	贰 万 元 整	千	百	十	万	千	百	十	元	角	分
				¥	2	0	0	0	0	0	0

用途：备用
上列款项请从
我账户内支付
出票人签章　（印章：张红之印）

密码 AB09981
科目借
对方科目贷
付讫日期　　年　　月　　日
出纳　　复核　　记账

【操作步骤】

1. 业务受理。

银行柜员聆听客户业务要求，接受客户张红的普通支票和身份证件。

表 2－4－4

本支票付款期限十天

模拟银行 普通支票（模） A01235001

出票日期（大写）贰零贰壹 年 陆 月 零贰拾 日 付款行名称：西湖支行

收款人：张红 出票人账号：1201091101206004

人民币（大写）	贰万元整	千	百	十	万	千	百	十	元	角	分
				¥	2	0	0	0	0	0	0

用途：备用

上列款项请从

我账户内支付

出票人签章 张红之印

密码 AB09981

科目借

对方科目贷

付讫日期 2021 年 6 月 20 日

出纳 复核 记账 张兰

模拟银行西湖支行 20210620 现金付讫

2. 业务审核。

（1）银行柜员审核支票必须记载的事项是否齐全，是否用墨汁或碳素墨水填写，重要事项是否有涂改，支票填写日期、付款期限是否超过 10 天，大小写金额是否一致，折角核对支票印章是否与预留的一致，密码是否正确。

（2）现金支票背书与收款人是否一致，持票人还应交身份证件并记录其号码和发证机关在支票背面。支取的现金是否符合国家现金管理规定。

（3）签发人必须在银行账户余额内，按照规定向收款人签发支票。对签发空头支票或印章与预留印鉴不符的支票，银行除退票外，要按票面金额处以 5%，但不低于 1 000 元的罚款。

3. 业务交易处理。

银行柜员取款 20 000 现金交给客户，会计分录为：

借：活期储蓄存款——张红 20 000

　　贷：现金 20 000

4. 后续处理。

现金交给客户，提醒客户当面清点。银行柜台上有电子屏，要求客户对此次业务的满意度做评价。

【业务名称】

为个人客户张红办理转账业务

【操作实例】

【例 2－4－3】客户张红到西湖支行领购转账支票一本（凭证号码 01236001－01236025）。2021 年 6 月 21 日开出第一张转账支票（如下图），到模拟银行西湖支行转账支出 5 000 元，支付给城东电力公司，账号 1204008672126609，开户银行工商银行城东支行。存根部分自留做账。

表 2－4－5

模拟银行 转账支票存根（模） A01235001 附加信息 ——————出票日期 2021 年 6 月 21 日 收款人：张红 金　额：¥5000.00 用　途：备用 单位主管　　会计	本支票付款期限十天	**模拟银行转账支票**（模）　A01236001 出票日期（大写）贰零贰壹年陆月贰拾壹日　付款行名称：西湖支行 收款人：城东电力公司　出票人账号：1201091101206004 人民币（大写）伍仟元整　千 百 十 万 千 百 十 元 角 分：¥ 5 0 0 0 0 0 用途：备用 上列款项请从 我账户内支付 出票人签章　张红之印 科目借 对方科目贷 付讫日期　年　月　日 出纳　复核　记账

领购转账支票的操作步骤同上例（略）

【操作步骤】

1. 业务受理。

银行柜员聆听客户业务要求，接受客户张红（或其他持票人）的普通支票。

2. 业务审核。

（1）银行柜员审核转账支票必须记载的事项是否齐全，是否用墨汁或碳素墨水填写，重要事项是否有涂改，支票填写日期、付款期限是否超过 10 天，大小写金额是否一致，折角核对转账支票印章是否与预留的一致。

（2）转账支票背书与收款人是否一致，持票人还应交身份证件并记录其号码和发证机关在支票背面。

（3）签发人必须在银行账户余额内，按照规定向收款人签发支票。对签发空头支票或印章与预留印鉴不符的支票，银行除退票外，要按票面金额处以 5%，但不低于 1 000 元的罚款。

（4）客户未填写进账单，西湖支行柜员应提醒客户填写进账单。

表 2－4－6

银行进账单（回单）　　1

2021 年 6 月 21 日

出票人	全称	张红		收款人	全称	城东电力公司	第一联 回单联
	账号	1201091101206004			账号	1204008672126609	
	开户银行	模拟银行西湖支行			开户银行	工商银行城东支行	
金额	人民币（大写）	伍仟元整				百 十 万 千 百 十 元 角 分：¥ 5 0 0 0 0 0	
票据种类		转账支票	票据张数	1	西湖支行 2021060 转讫		
票据号码		A01236001					
经办：张兰			复核：		开户银行盖章		

3. 业务交易处理。

办理转账交易，会计分录为：

借：活期储蓄存款——张红　　　　5 000

　　贷：资金清算往来　　　　　　5 000

表 2－4－7

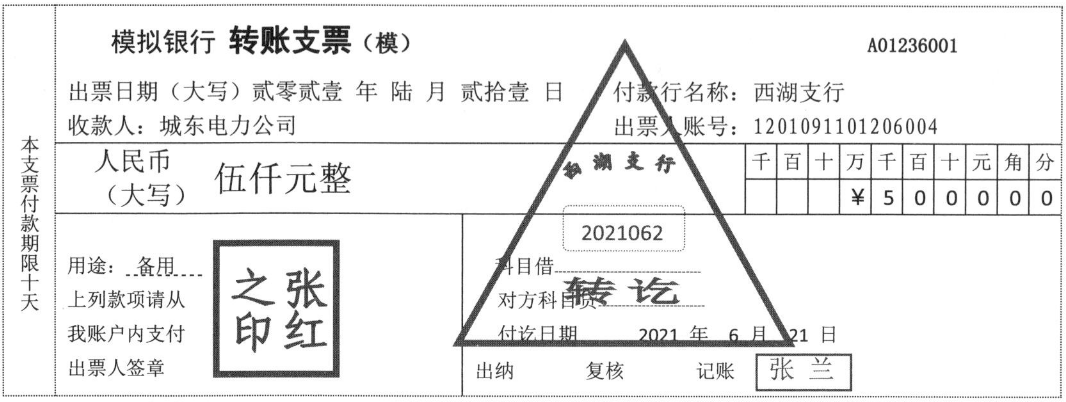

本支票付款期限十天

模拟银行 **转账支票**（模）　　A01236001

出票日期（大写）贰零贰壹 年 陆 月 贰拾壹 日　　付款行名称：西湖支行

收款人：城东电力公司　　出票人账号：1201091101206004

人民币（大写）	伍仟元整	千	百	十	万	千	百	十	元	角	分
					¥	5	0	0	0	0	0

用途：备用

上列款项请从

我账户内支付

出票人签章　　张红之印

西湖支行　2021062　转讫

科目借

对方科目贷

付讫日期　2021 年 6 月 21 日

出纳　　复核　　记账　张兰

4. 后续处理。

现金交给客户，提醒客户当面清点。银行柜台上有电子屏，要求客户对此次业务的满意度做评价。

以上操作是出票人张红（或其他持票人）到出票人的开户银行模拟银行西湖支行办理转账，称贷记支票业务。图示如下：

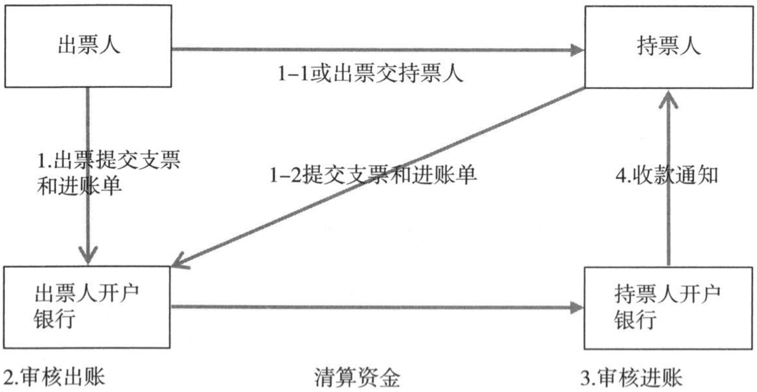

此笔业务还可以在工商银行城东支行办理，称借记支票业务，图示如下，具体步骤说明如下：

客户张红签发转账支票后，留下存根部分自做账。将有印章转账支票交给持票人（一般为城东电力公司的财会人员），持票人持本支票连同进账单到开户银行工商银行城东支行办理转账。

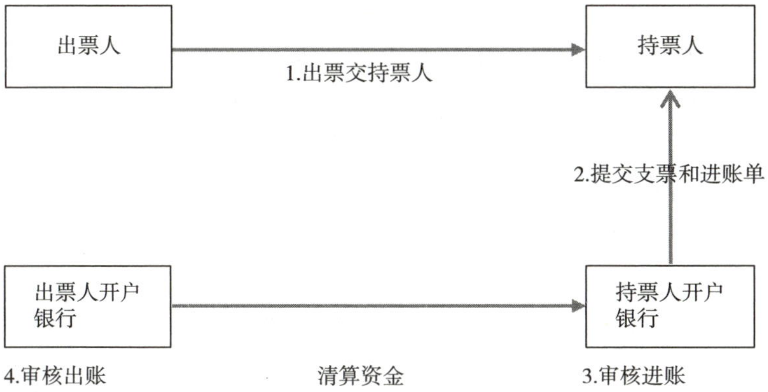

【业务名称】

为个人客户张红办理个人银行本票签发业务

【操作实例】

【例 2－4－4】2021 年 6 月 25 日，客户张红到西湖支行填写个人业务申请书中，申请办理个人本票业务，从个结算账户转账支出 180 000 元，支付给周信，账号 1105008672122608，开户银行模拟银行红旗支行。张红手机号码 13907568990。

【操作步骤】

1. 业务受理。

银行柜员聆听客户业务要求，接受客户张红身份证件，让客户填写个人结算业务申请书。

表 2－4－8

模拟银行　个人结算业务申请书

申请日期：　2021 年　6 月　25 日

客户填写	业务类型	□现金 ☑转账	□加急汇兑 □普通汇兑 □汇票 ☑本票 □其他			
	申请人	全称	张红	收款人	全称	周信
		账号	1201091101206004		账号	1105008672122608
		开户银行	模拟银行西湖支行		开户银行	模拟银行红旗支行
		身份证件类型及号码	☑身份证号 □其他 420101199506039811	附辊信息及用途：		
		联系电话	13907568990			
	金额（大写）人民币：壹拾捌万元整			小写：¥180 000.00		
银行打印						

2. 业务审核。

银行柜员审核客户身份证件，审核个人结算业务申请书的日期、申请人信息、收款人信息、大小写金额、客户身份证号码、联系电话等信息是否正确。

3. 业务交易处理。

银行柜员办理个人本票出票业务，第1联卡片联保管好，待结清时核对用。

表2-4-9

模拟银行 本 票（卡片） 1　　A001567789

提示付款日期贰个月

出票日期（大写）贰零贰壹年陆月贰拾伍日

收款人：周信　　申请人：张红

人民币 凭票即付（大写）	亿	千	百	十	万	千	百	十	元	角	分
壹拾捌万元整			¥	1	8	0	0	0	0	0	0

☑转账　☐ 现金　　密押 208574683

行号 1201

备注：往来款

出纳：　复核：李一凡　经办：张 兰

表2-4-10

模拟银行 本 票 2　　A001567789

提示付款日期贰个月

出票日期（大写）贰零贰壹年陆月贰拾伍日

收款人：周信　　申请人：张红

人民币 凭票即付（大写）	亿	千	百	十	万	千	百	十	元	角	分
壹拾捌万元整			¥	1	8	0	0	0	0	0	0

☑转账　☐ 现金　　密押 208574683

行号 1201

备注：往来款　　出票行签章

（印章：……行……支行 202 106 ……5 本票专用章）

出纳：　复核：李一凡　经办：张 兰

银行会计分录：

借：活期储蓄存款——张红　　180 000

　　贷：开出本票　　180 000

4. 后续处理。

银行柜员把办理好的银行本票第二联交给客户，身份证归还给客户，银行柜台上有电子屏，要求客户对此次业务的满意度做评价。

如客户交现金给银行，要求银行办理现金银行本票，则个人结算申请书中勾现金，办理的银行本票也勾现金。但现金银行本票不能背书转让。

【业务名称】

为个人客户周信办理个人银行本票兑付业务

【操作实例】

【例 2－4－5】2021 年 6 月 27 日，客户周信持银行本票到模拟银行红旗支行申请办理个人本票兑付业务。

【操作步骤】

1. 业务受理。

银行柜员聆听客户业务要求，接受客户周信身份证件和银行本票，让客户填写进账单。

表 2－4－11

<table>
<tr><th colspan="14">银行进账单（回单）
2021年6月27日</th></tr>
<tr><td rowspan="3">出票人</td><td>全称</td><td colspan="3">张红</td><td rowspan="3">收款人</td><td>全称</td><td colspan="7">周信</td></tr>
<tr><td>账号</td><td colspan="3">1201091101206004</td><td>账号</td><td colspan="7">1105008672122608</td></tr>
<tr><td>开户银行</td><td colspan="3">模拟银行西湖支行</td><td>开户银行</td><td colspan="7">模拟银行红旗支行</td></tr>
<tr><td rowspan="2">金额</td><td rowspan="2">人民币（大写）</td><td colspan="4" rowspan="2">壹拾捌万元整</td><td>百</td><td>十</td><td>万</td><td>千</td><td>百</td><td>十</td><td>元</td><td>角</td><td>分</td></tr>
<tr><td>¥</td><td>1</td><td>8</td><td>0</td><td>0</td><td>0</td><td>0</td><td>0</td><td>0</td></tr>
<tr><td colspan="2">票据种类</td><td>银行本票</td><td>票据张数</td><td>1</td><td colspan="9" rowspan="3">开户银行盖章
红旗支行
20190627
转讫</td></tr>
<tr><td colspan="2">票据号码</td><td colspan="3">A001567789</td></tr>
<tr><td colspan="5">经办：李敏兰　　复核：</td></tr>
</table>

2. 业务审核。

银行柜员审核银行本票和进账单填写是否正确。包括本票是否真实有效，是否超过提示付款期；本票填明的持票人是否在本行开户，与进账单是否一致；本票必须记载的事项是否齐全，金额、出票日期、收款人名称是否有更改，其他记载更改的事项是否由出票行签章证明；出票行的签章是否符合规定，加盖的票据专用章是否与印模相符，密押是否正确；持票人是否在背面签章。进账单是否填写齐全，大小写金额是否相符等内容。

3. 业务交易处理。

表 2－4－12

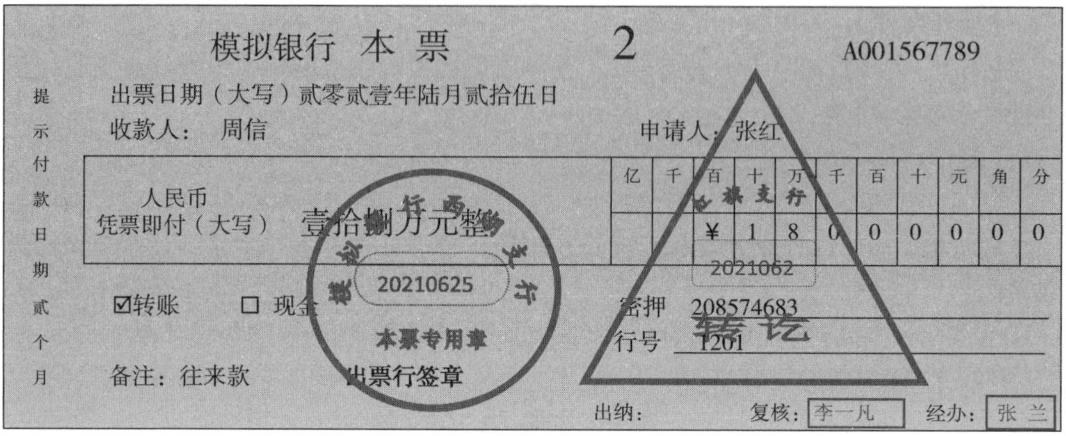
模拟银行 本票 2 A001567789

提示付款日期贰个月

出票日期（大写）贰零贰壹年陆月贰拾伍日

收款人：周信　　申请人：张红

人民币 凭票即付（大写）	壹拾捌万元整	亿	千	百	十	万	千	百	十	元	角	分
				¥	1	8	0	0	0	0	0	0

☑转账　☐现金　　密押 208574683

行号 1201

备注：往来款　　出票行签章

出纳：　复核：李一凡　经办：张兰

进账单和本票加盖兑付银行转讫或清讫公章，银行会计分录为：

借：准备金存款　　　　　　　　　180 000

　　贷：活期储蓄存款——周信　　　　　180 000

4. 后续处理。

银行柜员把进账单第一联回单联交给客户，身份证归还给客户，银行柜台上有电子屏，要求客户对此次业务的满意度做评价。

如客户要求银行兑付现金银行本票，客户可以支取现金，但现金额度太大（一般为 50 000 元以上），客户需提前一天告知银行。银行会计分录为：

借：准备金存款　　　　　　　　　180 000

　　贷：现金　　　　　　　　　　　　　180 000

【业务名称】

出票银行办理个人银行本票结清业务

【操作实例】

【例 2－4－6】2021 年 6 月 28 日，出票银行西湖支行收到代理付款行红旗支行的兑付信息，办理银行本票结清业务。

【操作步骤】

1. 业务受理。

出票银行西湖支行收到现代支付系统发来的解付本票电子信息。

2. 银行柜员打印电子信息联，同时拿出银行本票第一联卡片联，进行抽卡信息核对，所有本票电子信息都必须与第一联卡片核对无误，才能结清。

3. 银行交易处理。

银行会计分录：

借：开出本票　　　　　　　　180 000

　　贷：准备金存款　　　　　　　　180 000

4. 后续处理。

银行柜员把第一联卡片联放在银行本票电子信息联后作附件，两联作一笔银行业务保存会计凭证。

【业务名称】

为个人客户张红办理个人银行汇票业务

【操作实例】

【例 2－4－7】2021 年 6 月 26 日，客户张红到西湖支行填写个人业务申请书中，申请办理个人银行汇票，从个人结算账户转账支出 160 000 元，支付给周到，账号 1105008672122507，开户银行模拟银行红旗支行。张红手机号码 13907568990。

【操作步骤】

1. 业务受理。

银行柜员聆听客户业务要求，接受客户张红身份证件，让客户填写个人结算业务申请书。

表 2－4－13

<table>
<tr><th colspan="7">模拟银行西湖支行　个人结算业务申请书
申请日期：2021年6月26日</th></tr>
<tr><td rowspan="4">客户填写</td><td>业务类型</td><td>□现金
☑转账</td><td colspan="4">□加急汇兑　□普通汇兑　☑汇票　□本票　□其他</td></tr>
<tr><td rowspan="3">申请人</td><td>全称</td><td>张红</td><td rowspan="3">收款人</td><td>全称</td><td>周到</td></tr>
<tr><td>账号</td><td>1201091101206004</td><td>账号</td><td>1105008672122507</td></tr>
<tr><td>开户银行</td><td>模拟银行西湖支行</td><td>开户银行</td><td>模拟银行红旗支行</td></tr>
<tr><td rowspan="3"></td><td rowspan="2"></td><td>身份证件类型及号码</td><td>☑身份证号 □其他
420101199506039811</td><td colspan="3" rowspan="2">附加信息及用途：</td></tr>
<tr><td>联系电话</td><td>13907568990</td></tr>
<tr><td colspan="6">金额（大写）：人民币壹拾陆万元整　　　　小写：¥160 000.00</td></tr>
<tr><td>银行打印</td><td colspan="6"></td></tr>
</table>

2. 业务审核。

银行柜员审核客户身份证件，审核个人结算业务申请书的日期、申请人信息、收款人信息、大小写金额、客户身份证号码、联系电话等信息是否正确。

3. 业务交易处理。

银行柜员办理个人银行汇票出票业务。1、4 联留存，2、3 联交客户。

表 2－4－14

模拟银行 银 行 汇 票（卡片） 1 B001567788

提示付款日期自出票日起壹个月

出票日期（大写）贰零贰壹年陆月贰拾陆日

代理付款行：

收款人：周到

出票金额 人民币（大写） 壹拾陆万元整 ¥160 000.00

实际结算金额 人民币（大写）

亿	千	百	十	万	千	百	十	元	角	分

申请人：张红 账号：1201091101206004

出票行：模拟银行西湖支行 行号：1201

备注：往来款

复核： 经办： 出纳： 复核：李一凡 经办：张 兰

表 2－4－15

模拟银行 银 行 汇 票 2 B001567788

提示付款日期自出票日起壹个月

出票日期（大写）贰零贰壹年陆月贰拾陆日

代理付款行：

收款人：周到

出票金额 人民币（大写） 壹拾陆万元整 ¥160 000.00

实际结算金额 人民币（大写）

亿	千	百	十	万	千	百	十	元	角	分

申请人：张红 账号：1201091101206004

出票行：模拟银行西湖支行 行号：1201

（印章：模拟银行西湖支行 202106 汇票专用章）

备注：往来款

凭票付款

出票行签章

密押：30678908 经办：

多余金额

千	百	十	万	千	百	十	元	角	分

复核：

经办：张 兰 复核：李一凡

表 2-4-16

模拟银行 银 行 汇 票（解讫通知） 3 B001567788

提示付款日期自出票日起壹个月

出票日期（大写）贰零贰壹年陆月贰拾陆日　　代理付款行：

收款人：周到											
出票金额 人民币（大写） 壹拾陆万元整 ¥160 000.00											
实际结算金额 人民币（大写）	亿	千	百	十	万	千	百	十	元	角	分

申请人：张红　　账号：1201091101206004

出票行：模拟银行西湖支行　　行号：1201

备注：往来款

代理付款行签章

凭票付款

经办：张 兰　　复核：李一凡

密押：30678908										经办：
多余金额										
千	百	十	万	千	百	十	元	角	分	复核：

表 2-4-17

模拟银行 银 行 汇 票（多余款收账通知） 4 B001567788

提示付款日期自出票日起壹个月

出票日期（大写）贰零贰壹年陆月贰拾陆日　　代理付款行：

收款人：周到											
出票金额 人民币（大写） 壹拾陆万元整 ¥160 000.00											
实际结算金额 人民币（大写）	亿	千	百	十	万	千	百	十	元	角	分

申请人：张红　　账号：1201091101206004

出票行：模拟银行西湖支行　　行号：1201

备注：往来款

出票行签章

凭票付款

经办：张 兰　　复核：李一凡

密押：30678908										经办：
多余金额										
千	百	十	万	千	百	十	元	角	分	复核：

银行会计分录：

借：活期储蓄存款——张红　　160 000

　　贷：汇出汇款——汇票保证金存款　　160 000

4. 后续处理。

银行柜员把办理好的银行汇票第二、三联交给客户，身份证归还给客户，银行柜台上有电子屏，要求客户对此次业务的满意度做评价。

如客户交现金给银行，要求银行办理现金银行汇票，则个人结算申请书中勾现金，办理的银行汇票也勾现金。但现金银行汇票不能背书转让。

【业务名称】

为个人客户周到办理个人银行汇票兑付业务

【操作实例】

【例 2－4－8】2021 年 6 月 27 日，客户周到持银行汇票到 A 市模拟银行红旗支行申请办理个人汇票兑付业务。

【操作步骤】

1. 业务受理。

银行柜员聆听客户业务要求，接受客户周到身份证件和银行本票，让客户填写进账单。

表 2－4－18

银行进账单（回单）

2021 年 6 月 27 日

<table>
<tr><td rowspan="3">出票人</td><td>全称</td><td colspan="3">张红</td><td rowspan="3">收款人</td><td>全称</td><td colspan="9">周到</td></tr>
<tr><td>账号</td><td colspan="3">1201091101206004</td><td>账号</td><td colspan="9">1105008672122608</td></tr>
<tr><td>开户银行</td><td colspan="3">模拟银行西湖支行</td><td>开户银行</td><td colspan="9">模拟银行红旗支行</td></tr>
<tr><td rowspan="2">金额</td><td rowspan="2">人民币（大写）</td><td colspan="5" rowspan="2">壹拾陆万元整</td><td>百</td><td>十</td><td>万</td><td>千</td><td>百</td><td>十</td><td>元</td><td>角</td><td>分</td></tr>
<tr><td>¥</td><td>1</td><td>6</td><td>0</td><td>0</td><td>0</td><td>0</td><td>0</td><td>0</td></tr>
<tr><td>票据种类</td><td>银行汇票</td><td>票据张数</td><td>2</td><td colspan="12" rowspan="3">红旗支行
2021062
转讫
开户银行盖章</td></tr>
<tr><td>票据号码</td><td colspan="3">B001567788</td></tr>
<tr><td colspan="4">经办：李敏兰　　　　复核：</td></tr>
</table>

2. 业务审核。

银行柜员审核银行汇票和进账单填写是否正确。包括汇票是否真实有效，是否超过提示付款期；汇票必须记载的事项是否齐全，金额、出票日期、收款人名称是否有更改，其他记载更改的事项是否由出票行签章证明；出票行的签章是否符合规定，加盖的票据专用章是否与印模相符，密押是否正确；持票人是否在背面签章。进账单是否填写齐全，大小写金额是否相符等内容。

3. 业务交易处理。

客户填写好代理付款行名称，实际结算金额。并在进账单和汇票加盖兑付银行转讫或清讫公章，银行会计分录为：

借：资金清算往来　　　　　　　　160 000

　　贷：活期储蓄存款——周到　　　　　　160 000

表 2-4-19

模拟银行 银 行 汇 票　　2　　B001567788

出票日期（大写）贰零贰壹年陆月贰拾陆日

代理付款行：A市模拟银行红旗支行

提示付款日期自出票日起壹个月

收款人：周到

出票金额 人民币（大写） 壹拾陆万元整　　¥160 000.00

实际结算金额 人民币（大写） 壹拾陆万元整

亿	千	百	十	万	千	百	十	元	角	分
		¥	1	6	0	0	0	0	0	0

申请人：张红　　账号：1201091101206004

出票行：模拟银行西湖支行　行号：1201

备注：往来款

凭票付款

出票行签章

密押：30678908

多余金额

千	百	十	万	千	百	十	元	角	分
						－	0	－	

经办：李敏兰　复核：段育

经办：张兰　复核：李一凡

（印章：模拟银行西湖支行 汇票专用章 202106；红旗支行 2021062 转讫）

表 2-4-20

模拟银行 银 行 汇 票（解讫通知）　　3　　B001567788

出票日期（大写）贰零贰壹年陆月贰拾陆日

代理付款行：A市模拟银行红旗支行

提示付款日期自出票日起壹个月

收款人：周到

出票金额 人民币（大写） 壹拾陆万元整　　¥160 000.00

实际结算金额 人民币（大写） 壹拾陆万元整

亿	千	百	十	万	千	百	十	元	角	分
		¥	1	6	0	0	0	0	0	0

申请人：张红　　账号：1201091101206004

出票行：模拟银行西湖支行　行号：1201

备注：往来款

凭票付款

密押：30678908

多余金额

千	百	十	万	千	百	十	元	角	分
						－	0	－	

经办：李敏兰　复核：段育

经办：张兰　复核：李一凡

（印章：红旗支行 2021062 转讫 代理付款行签章）

4. 后续处理。

银行柜员把进账单第一联回单联交给客户，身份证归还给客户，银行柜台上有电子屏，要求客户对此次业务的满意度做评价。

如客户要求银行兑付现金银行汇票，客户可以支取现金，但现金额度太大（一般为 50 000 元以上），客户需提前一天告知银行。银行会计分录为：

借：清算资金往来

　　贷：现金

如客户实际结算金额小于出票金额，则多余金额栏填上差额。会计分录金额为实际结算金额。多余金额由代理付款行退回到出票行，再退回到客户账户上。

【业务名称】

出票银行办理个人银行汇票结清业务

【操作实例】

【例2－4－9】2021年6月28日，出票银行西湖支行收到代理付款行A市红旗支行的兑付信息，办理银行汇票结清业务。

【操作步骤】

1. 业务受理。

出票银行西湖支行收到现代支付系统发来的解付汇票电子信息。

2. 银行柜员打印电子信息联，同时拿出银行汇票第一联卡片联和第四联多余款收账通知联，进行抽卡信息核对，所有汇票电子信息都必须与第一联、第四联核对无误，才能结清。如有多余金额的，银行柜员在第四联的多余金额栏填上多余金额，然后做账退回原客户账户。

3. 银行交易处理。

银行会计分录：

借：汇出汇款——汇票保证金存款　　160 000
　　贷：清算资金往来　　160 000

有多余金额会计分录：

借：汇出汇款——汇票保证金存款
　　贷：清算资金往来
　　　　活期储蓄存款——张红

4. 后续处理。

银行柜员把第一联卡片联放在银行本票电子信息联后作附件，两联作一笔银行业务保存会计凭证。

项目活动2　个人汇兑业务

【业务名称】

为个人客户张红办理汇兑汇出业务

【操作实例】

例【2－4－10】2021年6月28日，客户张红到模拟银行西湖支行通过个人结算账户汇出金额5 500元。收款人周敏敏，账号140900889098，汇入行A市建设银行五一支行。

【操作步骤】

1. 业务受理。

西湖支行银行柜员接受张红的身份证件和活期储蓄卡。要求客户填写个人业务申请书，受理此笔汇兑往账。（有的银行还是用信汇或电汇单代替个人结算业务申请书）。

表 2－4－21

模拟银行　个人结算业务申请书

申请日期：2021年6月28日

<table>
<tr><td rowspan="7">客户填写</td><td>业务类型</td><td>☐现金
☑转账</td><td colspan="4">☐加急汇兑　☑普通汇兑　☐汇票　☐本票　☐其他</td></tr>
<tr><td rowspan="5">申请人</td><td>全称</td><td>张红</td><td rowspan="3">收款人</td><td>全称</td><td>周敏敏</td></tr>
<tr><td>账号</td><td>1201091101206004</td><td>账号</td><td>140900889098</td></tr>
<tr><td>开户银行</td><td>模拟银行西湖支行</td><td>开户银行</td><td>A市建设银行五一支行</td></tr>
<tr><td>身份证件类型及号码</td><td>☑身份证号　☐其他
420101199506039811</td><td colspan="3" rowspan="2">附加信息及用途：
20190628</td></tr>
<tr><td>联系电话</td><td>13907568990</td></tr>
<tr><td colspan="3">金额：（大写）人民币伍仟伍佰元整</td><td colspan="3">（小写）¥5 500.00</td></tr>
<tr><td>银行打印</td><td colspan="6">经办：张兰</td></tr>
</table>

2. 业务审核。

银行柜员审核个人结算申请书的内容，包括申请人、收款人的信息是否正确，大小写金额是否正确。

3. 银行交易处理。

银行柜员从客户的个人结算账户出账 5 500 元，客户输入密码确认出账金额。进入电子汇兑交易，汇兑汇款。银行汇兑会计分录：

借：活期储蓄存款——张红　　5 500

　　贷：清算资金往来　　　　5 500

汇兑业务银行是收手续费的，各银行收费标准不一，一般按汇兑金额的 0.5% 收费，1 元下限，50 元上限。此笔业务收取 27.5 元，手续费从客户账上直接扣款，会计分录为：

借：活期储蓄存款——张红　　27.5

　　贷：手续费收入——汇兑手续费　　27.5

客户张红交现金手续费，则银行收到 27.5 元现金，会计分录为：

借：现金　　27.5

　　贷：手续费收入——汇兑手续费　　27.5

表 2－4－22

模拟银行收费单

科目　　　　　　　　2021 年　6 月 28 日

项目	摘要	金额							
		十万	万	千	百	十	元	角	分
汇兑	手续费					2	7	5	0
合计	（大写）贰拾柒元伍角整				¥	2	7	5	0

模拟银行西湖支行 20210628 现金收讫

复核：　　　　　　　　　　　　经办：张　兰

如客户持现金来个人汇兑，则先将现金入“应解汇款”科目，再从“应解汇款”科目汇出。“应解汇款”科目是银行的临时存款科目，用于客户的临时存款。这样处理是便于账务清楚，客户资金走向明晰。分录为：

借：现金

　　贷：应解汇款——张红

借：应解汇款——张红

　　贷：清算资金往来

4. 后续处理。

银行柜员在个人结算业务申请书上加盖公章和名章，交客户一联作回单，归还客户的身份证和银行卡。银行柜台上有电子屏，要求客户对此次业务的满意度做评价。

【业务名称】

为个人客户张红办理汇兑汇入业务

【操作实例】

例【2－4－11】2021 年 6 月 28 日，客户周敏敏在 A 市建设银行五一支行收到模拟银行西湖支行汇出的金额 5 500 元，账号为 140900889098。

【操作步骤】

1. 业务受理。

银行柜员收到汇兑信息，接收汇兑来账，打印汇兑信息电子单。

2. 业务审核。

审核汇兑单上的内容。

3. 银行交易处理。

根据汇兑内容，入账 5 500 元到 140900889098 周敏敏账户。

银行会计分录：

借：清算资金往来 5 500

贷：活期储蓄存款——周敏敏 5 500

随着电脑网络技术的发展，银行业务也日新月异，现代汇兑技术越来越便捷了。客户可不填写个人业务结算申请书，持身份证和借记卡直接到银行自助机上，按自助机提示，本行或跨行汇给任意客户。接收行也不需打印汇兑信息单再入账，汇入款实时直接入收款人的账户。

模块四 活动练习题

一、单项选择题

1. 根据结算法律制度的规定，允许个人使用的票据有支票、银行本票、和（　　）。

A. 银行汇票　　B. 转账支票

C. 现金支票　　D. 普通支票

2. 票据按照付款时间分类，可以分为即期票据和（　　）票据。

A. 近期　　B. 远期

C. 有效　　D. 无效

3. （　　）是银行存款户对银行签发的授权银行对某人或其指定人或执票人即期支付一定金额的无条件书面支付命令。

A. 定期存单　　B. 活期存折

C. 银行承兑汇票　　D. 支票

4. 支票分现金支票、转账支票和普通支票。现金支票只能支取（　　），转账支票只能（　　），普通支票既可支取现金，又可转账。

A. 现金　现金　　B. 转账　转账

C. 现金　转账　　D. 转账　现金

5. 我国《票据法》规定，支票的持票人应当自出票日起（　　）内提示付款。

A. 1 个月　　B. 2 个月

C. 3 个月　　D. 10 日

6. 申请人或者收款人为单位的，银行不得为其签发（　　）银行本票。银行本票的提示付款期限自出票日起最长不得超过（　　）个月。

A. 现金　2　　B. 现金　1

C. 转账　2　　D. 转账　1

7. 银行汇票的提示付款期限自出票日起（　　）内。

A. 2 个月　　B. 1 个月　　C. 3 个月内　　D. 6 个月

8. 银行汇票的第四联是（　　），并在签发行结清后交汇款人。

A. 卡片联　　B. 汇票联

C. 解讫通知联　　D. 多余款通知联

9. 单位和个人各种款项的结算，均可使用银行汇票。银行汇票可以用于转账，填明“现金”字样的银行汇票也可以用于支取现金。申请人或者收款人为单位的，不得办理（　　）银行汇票。

A. 转账　　B. 现金

C. 背书　　D. 转账和现金

10. 票据金额以中文大写和数字小写同时记载，二者必须一致，二者不一致的，该票据（　　）。

A. 无效　　B. 修改一致后有效

C. 按小写金额有效　　D. 按大写金额有效

11.（　　）又称“汇兑结算”业务，是指企业（汇款人）委托银行将其款项支付给收款人的结算方式。

A. 汇兑业务　　B. 电汇业务

C. 信汇业务　　D. 转汇业务

12.（　　）的各种款项的结算，均可使用汇兑结算方式。

A. 仅单位　　B. 仅个人

C. 单位和个人　　D. 法人

13. 汇兑交现金手续费，会计分录为（　　）。

A. 借：现金

　　贷：手续费收入——汇兑手续费

B. 借：手续费收入——汇兑手续费收入

　　贷：现金

C. 借：活期储蓄存款

　　贷：手续费收入

D. 借：手续费收入

　　贷：活期储蓄存款

14. 随着现代网络技术的发展，（　　）二为一，统称汇兑业务。

A. 电汇和转账业务　　B. 电汇和支票业务

C. 电汇和信汇　　D. 信汇和支票业务

二、模拟银行西湖支行 4 月份发生下列经济业务，要求写分录。

1. 1 日，收到在本行开户的张新汇兑凭证一份，要求将 36 000 元往来款汇给在工商银行开封支行开户的张力。审查无误后，汇款额从其存款户扣除。并扣除汇兑手续费 50 元。

2. 8 日，收到未在本行开户的刘洋交来注明“现金”字样的信汇凭证一份，以及现金 22 000 元，要求将 22 000 元汇至工商银行常州支行，收款人为江镇先生。审查无误后，予以入账。

3. 15 日，收到工商银行湖州支行王兰汇兑的凭证一份，金额为 32 000 元。收款人为张新，审查无误后，予以入账。

4. 18 日，收到工商银行郑州支行汇兑的凭证一份，金额为 18 000 元，付款人为刘凯先生，收款人为本行开户的王芳小姐。审查无误后，予以入账，并通知收款人来行办理取款手续。

5. 20 日，王芳小姐前来办理提取汇款的手续。审查无误后，当即支付其现金 18 000 元。

6. 24 日，收到工商银行扬州支行电汇凭证一份，金额为 90 000 元，付款人为王州，收款人周伟先生，周伟没在本行开户。审查无误后，予以入账，并通知收款人来办理取款手续。

7. 25 日，周伟带身份证从汇入款项中提取现金 5 000 元，余款周伟开个人结算账户另存。审查无误后，予以支付。

8. 30 日，收到周伟交来其签发的转账支票和填制的进账单各一份，金额为 85 000 元，要求将款项支付在本行开户的沪西工厂的货款。审查无误后，予以入账。

【知识拓展】

■存钱只图方便一定不划算

有的人仅仅为了方便支取就把数千元乃至上万元钱都存入活期，这种做法当然不可取。目前活期存款年利率为 0. 36%，一年期年利率为 2. 25%，三年期年利率为 3. 33%，五年期年利率为 3. 60%。假如以 5 万元为例，扣除利息税后，三年期获得的存款利息约为 3 024 元，五年期获得的利息约为 5 580 元，假如把这 5 万元存为活期，一年只有 288 元利息，即使存三年利息也只有千元左右。由此可见，同样是 5 万元，存的期限相同但存款方式不同，三年活期和三年定期的利息差距还是不小的。

■存期越长不一定越划算

但也不是存期越长越划算。不少人为了多得利息，把大额存款都集中到了三年期和五年期上，而没有仔细考虑自己预期的使用时间，盲目地把余钱全都存成长期，如果急需用钱，办理提前支取，就出现了“存期越长，利息越吃亏”的现象。利息，没提前支取的仍然按原来的利率算。所以，个人应按各自不同的情况选择存款期限和类型。

从如今的存款利率来看，定期存款宜选择短期。一方面，存款期限长短对利率的影响已经不大，一年期存款利率和五年期存款利率的差距现在只有每月 0. 675‰。另一方面，如今存款利率已是历史最低，利率再次下调空间较小，如果今后出现利率上调，若如今选择长期存款，在利率调高时一时无法享受较高的利率，就要受到损失。而短期存款流动性强，到期后马上可以重新存入。

■“滚雪球”的存钱方法比较划算

在具体的操作上，不妨采用一种巧妙的方法。可以每月将家中余钱存一年定期存款。一年下来，手中正好有 12 张存单。这样，不管哪个月急用钱都可取出当月到期的存款。如果不需用钱，可将到期的存款连同利息及手头的余钱接着转存一年定期。这种“滚雪球”的存钱方法保证不会失去理财的机会。

而且如今银行都推出了自动转存服务。在储蓄时，应与银行约定进行自动转存。这样做，一方面是避免了存款到期后不及时转存，逾期部分按活期计息的损失；另一方面是存款到期后不久，如遇利率下调，未约定自动转存的，再存时就要按下调后利率计息，而自动转存的，就能按下调前较高的利率计息。如到期后遇利率上调，也可取出后再存。

■银行汇票和银行承兑汇票的区别

银行汇票和银行承兑汇票的主要区别就是：银行汇票是即期票据，银行见票即付；银行承兑汇票是远期票据，不可见票即付，只能等到票据到期才能付款，如果急用钱可以向银行办理贴现，扣除贴现利息后得到贴现资金。

银行汇票是汇款人将款项交存当地银行，由银行签发给汇款人持往异地办理转账结算或支取现金的票据。汇款人可以是单位、个体经营户或者个人。银行汇票结算方式是指利用银行汇票办理转账结算的方式。

银行承兑汇票是由银行担任承兑人的一种可流通票据。承兑是指承兑人在汇票到期日无条件地向收款人支付汇票金额的票据行为。付款人在汇票上注明承兑字样并签字后，就确认了对汇票的付款责任，并成为承兑人。

承兑人对承兑申请人给予承兑，即是给了申请人一个远期信贷承诺，并向任一正当持票人保证，如果在汇票到期时申请人的存款账户余额达不到汇票的金额，承兑人负有无条件支付的责任，银行承兑汇票从开出之日起至到期承付日止，最长不超过六个月。

项目三

个人贷款业务处理

【学习目标】

了解个人贷款的含义。

◆

熟悉个人贷款的业务基本规定。

◆

熟悉个人贷款的利息计算。

◆

掌握个人贷款的会计处理方法。

模块一　个人质押贷款业务处理

相关业务基础知识

一、个人质押贷款

质押贷款是指贷款人按《担保法》规定的质押方式以借款人或第三人的动产或权利为质押物发放的贷款。可作为质押的质物包括：国库券（国家有特殊规定的除外），国家重点建设债券、金融债券、AAA 级企业债券、储蓄存单等有价证券。出质人应将权利凭证交与贷款人。《质押合同》自权利凭证交付之日起生效。以个人储蓄存单出质的，应提供开户行的鉴定证明及停止支付证明。

个人质押贷款是借款人以合法有效、符合银行规定条件的质物出质，向经中国银行业监督管理委员会批准开办个人信贷业务的银行业金融机构申请取得的人民币贷款。

（一）个人质押贷款申请条件：

1. 在中国境内居住，具有完全民事行为能力；
2. 具有良好的信用记录和还款意愿；
3. 具有偿还贷款本息的能力；
4. 提供银行认可的有效权利凭证作质押担保；
5. 在银行开立个人结算账户；
6. 银行规定的其他条件。

（二）贷款规定

贷款额度单笔（户）最低 1 万元（含），最高不超过 2 000 万元。贷款期限一般为 1 年，最长不超过 3 年（含）；贷款金额最高可达质押凭证面额的 90%；贷款利率执行中国人民银行同期同档次期限利率；以个人凭证式国债质押的，贷款期限内如遇利率调整，贷款利率不变。贷款期限在 1 年（含）以内的，采用一次还本付息的还款方式；贷款期限超过 1 年的，可采用按月（季）还息、一次还本，或按月等额本息、等额本金的还款方式。

（三）申请贷款应提交的资料

借款人向银行申请个人质押贷款，书面填写申请表，同时提交如下资料：

1. 申请人本人的有效身份证件，以第三人质物质押的，还需提供第三人有效身份证件。

2. 有效质物证明。以第三人质物质押的，还须提供受理人、借款申请人和第三人签署同意质押的书面证明。

3. 银行规定的其他资料。

项目活动 1 个人质押贷款发放

【业务名称】

为个人客户周成办理个人质押贷款发放

【实例操作】

例【3－1－1】2021 年 7 月 10 日，客户周成到模拟银行西湖支行申请办理个人质押贷款，质押物为周成的三年期整存整取定期存单，存单金额为 200 000 元整，贷款金额为质押物面值的 90%，期限三个月。周成本人身证号为 430101199506071223。

【操作步骤】

1. 贷款申请与调查。

个人客户周成提出个人质押贷款申请，银行信贷调查人对借款申请人的资格进行审查，核验客户身份证件、权利质押物真实性、合法性，认真调查属实后，客户填写质押贷款申请审批表（表 3－1－1）。

表 3 –1 –1

个人质押贷款申请审批表

2021 年 7 月 10 日　　　　　　编号 088

<table>
<tr><td>项目</td><td>借款申请人</td><td>出质人</td><td>出质人</td><td>出质人</td></tr>
<tr><td>姓名</td><td>周成</td><td>周成</td><td></td><td></td></tr>
<tr><td>身份证件</td><td>430101199506071223</td><td>430101199506071223</td><td></td><td></td></tr>
<tr><td>家庭地址</td><td>韶山路 119–1–2 号</td><td>韶山路 119–1–2 号</td><td></td><td></td></tr>
<tr><td>工作单位</td><td>顺原科技有限公司</td><td>顺原科技有限公司</td><td></td><td></td></tr>
<tr><td>联系电话</td><td>13890877890</td><td>13890877890</td><td></td><td></td></tr>
<tr><td colspan="5">模拟银行：西湖支行
本人申请借款 180 000 元，期限 3 个月，用于资金周转；并以 壹 份总金额 200 000 元的整整定期存单为质押担保。</td></tr>
<tr><td colspan="5">以下内容由银行填写</td></tr>
<tr><td>贷款金额</td><td>壹拾捌万元整</td><td>期限</td><td colspan="2">3 个月</td></tr>
<tr><td>基准利率</td><td>5. 60%</td><td>利率浮动幅度</td><td colspan="2">10%</td></tr>
<tr><td colspan="2">调查意见：
同意贷款
调查人：孙鹏
2021 年 7 月 10 日</td><td>审查意见：
同意贷款
审查责任人：周豪
2021 年 7 月 10 日</td><td colspan="2">审批意见：
同意贷款
审批责任人：周一皖
2021 年 7 月 10 日</td></tr>
</table>

2. 质押凭证止付。

贷款调查人员到会计部门申请将周成的三年期整存整取定期存单办理止付手续，银行经办员协同办理。填写一式两联的质押凭证止付通知书（表 3 –1 –2），办理止付手续。

表 3－1－2

模拟银行 质押凭证止付通知书

贷款行名称		模拟银行西湖支行		存款行行名		模拟银行西湖支行	
序号	户名	凭证种类	账号	金额	存入日	到期日	利率%
1	周成	整整存单	12030389	200 000	20200608	20230608	2.60%
2							
3							
4							
存款人已将上列质押凭证作为借款的质押，请贵行予以止付。止付期自贵行收到本通知书之日起至我行质押凭证处理通知书日止。在止付期内请不予办理上列质押凭证款项的支取/挂失等手续。 调查人：孙鹏 审批人：周一皖 （贷款行盖章） 2021 年 7 月 10 日						同意你行本通知书的要求，并已于 2021 年 7 月 10 日办妥上列质押凭证止付手续。 2021 年 7 月 10 日	

3. 会计部门审核处理。

信贷调查人员把贷款审批和止付凭证表的一联拿到会计前台，填写借款借据。

表 3－1－3

模拟银行个人质押贷款借款借据

2021 年 7 月 10 日

<table>
<tr><td>借款人</td><td colspan="2">周 成</td><td colspan="2">收款人账号</td><td colspan="10">1201091105009865</td></tr>
<tr><td>借款审批号码</td><td colspan="2">088</td><td colspan="2">委托扣款账号</td><td colspan="10">1201091105009865</td></tr>
<tr><td>借款用途</td><td colspan="2">资金周转</td><td>借据种类</td><td>个人质押</td><td colspan="5">借款年利率</td><td colspan="5">6.16%</td></tr>
<tr><td>借款日期</td><td colspan="2">2021 年 7 月 10 日</td><td>到期日期</td><td>2021 年 10 月 10 日</td><td colspan="5">还款方式</td><td colspan="5">利随本清</td></tr>
<tr><td rowspan="2">借款金额
（人民币大写）</td><td colspan="4" rowspan="2">壹拾捌万元整</td><td>千</td><td>百</td><td>十</td><td>万</td><td>千</td><td>百</td><td>十</td><td>元</td><td>角</td><td>分</td></tr>
<tr><td></td><td>¥</td><td>1</td><td>8</td><td>0</td><td>0</td><td>0</td><td>0</td><td>0</td><td>0</td></tr>
<tr><td>银行打印</td><td colspan="14">客户姓名：周成　账号：202109837467　日期：20210710
业务种类：个贷　金额：180 000　币种：人民币
科目：个人质押贷款　网点号：1201　柜员号：1029</td></tr>
</table>

会计经办人员把质押贷款数据录入操作系统，会计分录为：

借：质押贷款——周成　　　　　　180 000

　　贷：活期储蓄存款——周成　　　　　　180 000

项目活动 2　个人质押贷款计息收回

【业务名称】

为个人客户周成办理质押贷款计息收回

【实例操作】

例【3-1-2】2021 年 10 月 10 日，客户周成到模拟银行西湖支行办理个人质押贷款到期归还。请计算利息并做会计处理。

【操作步骤】

1. 填制一式四联还贷凭证（表 3-1-4），第一联为还款人回单，第二联作银行借方传票；第三联作银行贷方凭证；第四联作银行贷款管理凭证。

表 3-1-4

模拟银行 还贷凭证

还贷日期　　　　2021 年 10 月 10 日　　　　编号：

还款人	周成	借款人	周成
存款户账号	1201091105009865	贷款户账	201909837467
开户银行	模拟银行西湖支行	开户银行	模拟银行西湖支行
收贷金额（本金）	币种（大写）壹拾捌万元整		百 十 万 千 百 十 元 角 分 ¥ 1 8 0 0 0 0 0 0
收回 2021 年 7 月 10 日发放，2021 年 10 月 10 日期的贷款，该笔贷款尚欠本金（大写）零元。		备注： 西湖支行 20211 转讫 张兰	

2. 利息计算。

短期个人质押贷款采用利随本清法计算贷款利息。贷款利息清单一式两联，一联回单交客户（表 4-1-5），第二联作银行的贷方入账凭证。

利息 = 180 000 × 92 × 6.16% ÷ 360 = 2833.60（元）

表 3－1－5

模拟银行 贷款利息清单　第一联（回单）

2021 年 10 月 10 日

姓名		贷款种类	币种	本金	账号
周 成		个人质押贷款	人民币	180 000	202109837467
计息金额	利率	贷款利息	计算起止日		本息合计
180 000.00	6. 16%	2833. 60	20210710—20211010		182 833. 60

会计主管：　　复核：　　经办：张 兰

3. 还贷会计处理。

银行经办人员告知客户应还的本金和利息，从客户的活期储蓄存款中支取本息，还贷款本息。会计分录为：

借：活期储蓄存款——周成　　180 000

　贷：质押贷款——周成　　180 000

　　利息收入——质押贷款利息收入　　2 833. 60

4. 抵（质）押物出库。

客户归还贷款后，银行经办人员填制一式两联通抵（质）押物出（入）库单，将质押物整存整取存单出库，交还客户。

表 3－1－6

模拟银行 抵（质）押物出库单

2021 年 10 月 10 日

户名	周成	
贷款账号	202109837467	
凭证号码（或账号）	12030389	
抵押物名称	编号	数量或金额
整存整取定期存单	2020088	200 000. 00 元

经办：张 兰　　复核：周小敏　　信贷员：孙 鹏

5. 质押凭证解除止付。

银行经办人员应填制质押凭证处理通知书，解付贷款时止付的整存整取定期存单，并交客户第一联回单，告知客户存单已状态正常。

模块一　活动练习题

一、单项选择题

1. 个人质押贷款金额最高可达质押凭证面额的（　　）。

A. 80%　　B. 70%　　C. 60%　　D. 90%

2. 张红用整存单 20 万元作质押办理个人质押贷款，银行最高可贷款额度为（　　）。

A. 18 万元　　B. 19 万元　　C. 17 万元　　D. 16 万元

3. 个人质押贷款期限在 1 年（含）以内的，采用（　　）的还款方式。

A. 一次性还本付息　　B. 等额本金

C. 等额本息　　D. 按月还息

4. 以个人储蓄存单出质的，应提供开户行的鉴定证明及（　　）。

A. 支付证明　　B. 停止支付证明

C. 开户证明　　D. 存款证明

5. 张红到银行办理个人质押贷款，下列不能作贷款质押物的有（　　）。

A. 张红的整存整取存单　　B. 张红母亲的整存整取存单

C. 张红姐姐的凭证式国债　　D. 张红家的房屋土地使用权

二、综合题

1. 2021 年 6 月 5 日，客户张林到模拟银行西湖支行申请办理个人质押贷款，质押物为周成的一年期整存整取定期存单，存单金额为 300 000 元，贷款金额为质押物面值的 90%，期限三个月。请做放款的分录。

2. 接上题，2021 年 9 月 5 日，客户张林到模拟银行西湖支行归还个人质押贷款，请陈述还款步骤，计算还款利息并做分录。

模块二 个人住房贷款业务处理

相关业务基础知识

一、个人住房贷款

个人住房贷款是指银行向借款人发放的用于购买自用普通住房的贷款。借款人申请个人住房贷款时必须提供担保。个人住房贷款业务是商业银行的主要资产业务之一。是指商业银行向借款人发放的，用于借款人购买住房的贷款。

（一）贷款条件

借款人必须同时具备下列条件：

1. 有合法的身份。
2. 有稳定的经济收入，信用良好，有偿还贷款本息的能力。
3. 有合法有效的购买、建造、大修住房的合同、协议以及贷款银行要求提供的其他证明文件。
4. 有所购住房全部价款 30% 以上的自筹资金（各商业银行与开发商有不同的首付比例），并保证用于支付所购住房的首付款。
5. 有贷款行认可的资产进行抵押或质押，或有足够代偿能力的法人、其他经济组织或自然人作为保证人。
6. 贷款行规定的其他条件。

（二）额度期限

贷款最高为所购（建造、大修）住房全部价款或评估价值（以低者为准）的 80%；贷款期限一般最长不超过 30 年。贷款利率按照中国人民银行和中国银行业监督管理委员会的相关利率政策执行。

贷款期限在一年以上的房屋贷款还款方式一般有等额本息还款和等额本金还款两种。

1. 等额本息还款法

等额本息还款法是银行默认的还款方式，是指借款人每月以相等的金额偿还贷款本息，又称为等额法。

其特点是每月还款的本息和一样，这种还款方式虽然容易做出预算，初期还款压力减小，但还款初期利息占每月还款的大部分，还款中本金比重逐步增加，利息比重逐步减少，从而达到相对的平衡。此种还款方式所还的利息高，但前期还款压力不大。这种还款方式适合一般的工薪族。

等额本息还款计算方式：

每月还款额=[贷款本金×月利率×(1+月利率)^还款月数]÷[(1+月利率)^还款月数-1]

2. 等额本金还款法

等额本金还款也是我们常见的还款方式之一，等额本金还款是借款人每月等额偿还本金，贷款利息随本金逐月递减，还款额也逐月递减，因此又称递减法。

其特点是每月归还本金一样，利息则按贷款本金金额逐日计算，前期偿还款项较大，每月还款额逐渐减少。此种还款方式所还的利息低，但前期还款压力大。所以这种还款方式适合经济收入较好的家庭。

等额本金还款计算公式：

每月还款金额=每月还款本金+每月还款利息=(贷款本金/还款月数)+(本金-已归还本金累计额)×月利率

项目活动1　个人住房贷款发放

【业务名称】

为个人客户周成办理住房贷款发放

【实例操作】

例【3-2-1】2021年7月20日，个人客户周成到模拟银行西湖支行申请办理个人住房贷款。周成与华瑞置业有限公司签订商品房买卖合同，按合同规定房屋总价120万元，首付比例30%，剩余70%贷款筹资，贷款利率5.88%，贷款期限30年，还款方式为等额本息还款。

【操作步骤】

1. 客户提交贷款资料

客户周成向银行提供商品房买卖合同、本人身份证、户口本、收入证明、个人征信报告、本人及配偶（如已婚）主要资金账户银行流水、结婚证（如已婚）等资料。申请个人住房贷款。

2. 银行贷款资料调查核实

银行信贷经办人员调查审查客户的商品房买卖合同是否属实、身份证原件与本人是否一致、人民银行征信报告是否有不诚信记录、收入证明与每月还款额是否匹配、主要资金账户银行流水是否与收入证明匹配、结婚证是否属实等。

3. 贷款审查审批

银行信贷审查人员审查核实上述资料的真实性、有效性，提交审批环节。贷款审批后，提交会计部门做账。

4. 贷款发放处理

银行会计部门经办人员录入相关贷款信息，发放个人住房贷款。次月起开始还贷。会计分录为：

借：个人住房贷款——周成　　　　840 000

　　贷：活期存款——华瑞置业有限公司　　　　840 000

项目活动 2　个人住房贷款收回

【业务名称】

为个人客户周成办理住房贷款收回

【实例操作】

例【3－2－2】2021 年 7 月 20 日，客户周成到模拟银行西湖支行办理个人住房贷款。按合同规定房屋总价 120 万元，首付比例 30%，剩余 70% 贷款筹资，贷款利率 5.88%，贷款期限 30 年，每月按等额本息还款法收回。

1. 等额本息还款法收回贷款

客户周成从贷款的次月起开始每月还贷，每月按等额本息法收回贷款，会计分录为：

（1）收回本金

借：活期储蓄存款——周成

　　贷：个人住房贷款——周成

（2）收回利息

借：活期储蓄存款——周成

　　贷：利息收入个——人住房贷款利息收入

2. 两种还款方式比较

表 3 -2 -1

每月等额本息还款一览表

贷款总额	840 000.00 元
还款月数	360 月
每月还款	4 971.60 元
总支付利息	949 776.65 元
本息合计	1 789 776.65 元

表 3 -2 -2

每月等额本金还款一览表

贷款总额	840 000.00 元
还款月数	360 月
首月还款	6 449.33 元 每月递减：11.43 元
总支付利息	742 938.00 元
本息合计	1 582 938.00 元

模块二　活动练习题

一、单项选择题

1. 个人住房贷款是指银行向借款人发放的用于购买（　　）的贷款。借款人申请个人住房贷款时必须提供担保。

A. 商用住房　　B. 他用普通住房

C. 自用普通住房　　D. 公用普通住房

2. 贷款期限在一年以上的房屋贷款还款方式一般有（　　）和等额本息还款两种。

A. 等额利息还款　　B. 一次性还本付息

C. 利随本清　　D. 等额本金还款

3. 下列还款方式，（　　）是每月递减的还款。

A. 等额本息还款　　B. 一次性还本付息

C. 利随本清　　D. 等额本金还款

4. 个人住房贷款期限一般最长不超过（　　）。

A. 360 月　　B. 240 月　　C. 400 月　　D. 480 月

5. 个人住房贷款中，采用每月等额本息还款最终还款的本息会（　　）每月等额本金还款。

A. 等于　　B. 大于

C. 小于　　D. 大于或小于

二、综合题

1. 2019 年 3 月 20 日，客户张林到模拟银行西湖支行办理个人住房贷款，张林与华祥房地产公司签订商品房买卖合同，按合同规定房屋总价 110 万元，首付 30%，70%贷款筹资，利率 5.88%，期限 30 年，请做贷款时的分录。

2. 上题客户张林如采用等额本金还款，30 年还款本息是多少？如采用等额本息还款方式，30 年还款本息是多少？请用房贷计算器比较。假设张林现是每月有 6 000 元固定收入的公务员，无其他收入，该采用哪种还款方式合适？

项目四

单位存款及结算业务处理

【学习目标】

了解单位活期存款业务的相关知识。

◆

掌握单位活期存款的开户、续存、销户及利息结算业务会计处理。

◆

掌握单位票据业务的核算处理。

◆

掌握单位定期存款的计息方法及核算处理。

模块一　单位活期存款业务处理

相关业务基础知识

一、单位存款

单位存款又称“对公存款”，银行存款中除去个人存款后的其他存款。单位存款包括企业存款、财政存款、基本建设存款、机关团体存款、部队存款等项内容。企业存款指工业、交通、商业、粮食、外贸和国营农业企业存入银行的款项，来源于企业中的暂时闲置资金和各项专用基金。财政性存款指国家预算资金存款以及与国家预算有直接联系的财政金库存款，机关事业单位的经营存款和基建资金存款。部队存款是指国家财政拨给部队的军事经费、行政经费和所属企业暂时的闲置资金。

二、单位存款的种类

单位存款包括定期存款、活期存款、通知存款、协定存款。

1. 单位定期存款是我国银行业的一项传统负债业务，是指企事业、机关团体等单位将短期闲置资金存入银行，并事先与银行约定存期、利率，到期支取本息的一种存款方式。吸收单位定期存款可以为银行带来大额而又较为稳定的资金来源，所以这项业务倍受广大金融机构的青睐。

2. 单位活期存款是指不约定存款期限，可以随时办理存取的，并依照人民银行公布的活期存款利率按季计取利息的存款。

3. 单位通知存款是指存款人不约定存期，在支取时需事先通知存款银行的一种人民币存款。单位通知存款实行账户管理，其账户不得作结算户使用。

4. 单位协定存款是客户按照与金融机构约定的存款额度开立的结算账户，账户中超过存款额度的部分，金融机构自动将其转入协定账户，并以协定存款利率计息的一种企业存款。

三、单位存款管理

1. 因存款单位人事变动，需要更换单位法定代表人印章（或单位负责人印章）或财会人员印章时，必须持单位公函及经办人身份证件向存款所在商业银行办理更换印鉴手续，如为单位定期存款，应同时出示商业银行为其开具的证实书。

2. 因存款单位机构合并或分立，其定期存款需要过户或分户必须持单位公函、工商部门的变更、注销或设立登记证明及新印鉴（分户时还须提供双方同意的存款分户协定）等有关证件向存款所在商业银行办理过户或分户手续，由商业银行换发新证实书。

3. 存款单位的密码失密或印鉴遗失、损毁，必须持单位公函，向存款所在商业银行申请挂失。商业银行受理挂失后，挂失生效。如存款在挂失生效前已被人按规定手续支取，商业银行不负赔偿责任。

4. 存款单位迁移时，其定期存款如未到期转移，应办理提前支取手续，按支取日挂牌公布的活期利率一次性结清。

5. 商业银行应对存款单位的存款保密，有权拒绝除法律、行政法规另有规定以外的任何单位或个人查询；有权拒绝除法律另有规定以外的任何单位冻结、扣划。

四、单位活期存款

单位活期存款是指不规定存款期限，客户可以随时存取，并依照活期存款利率按季计取利息的存款。单位结算账户是指银行为单位开立的办理资金收付结算的人民币活期存款账户。单位结算账户按用途分为基本存款账户、一般存款账户、临时存款账户和专用存款账户。开立基本存款账户、临时存款账户和预算单位开立专用存款账户须经中国人民银行核准。符合《人民币银行结算账户管理办法》相关规定的，还可以开立异地结算账户。

基本存款账户是办理转账结算和现金收付的主办账户，经营活动的日常资金收付以及工资、奖金和现金的支取均可通过该账户办理。存款人只能在银行开立一个基本存款账户。开立基本存款账户是开立其他银行结算账户的前提。按人民币银行结算账户管理办法规定，一家单位只能选择一家银行申请开立一个基本存款账户。

基本存款账户是存款人因办理日常转账结算和现金收付需要开立的银行结算账户。下列存款人，可以申请开立基本存款账户：

1. 企业法人。

2. 非法人企业。

3. 机关、事业单位。

4. 团级（含）以上军队、武警部队及分散执勤的支（分）队。

5. 社会团体。

6. 民办非企业组织。

7. 异地常设机构。

8. 外国驻华机构。

9. 个体工商户。

10. 居民委员会、村民委员会、社区委员会。

11. 单位设立的独立核算的附属机构。

12. 其他组织。

一般存款账户是指存款人因借款或其他结算需要，在基本存款账户开户银行以外的银行营业机构开立的银行结算账户。

临时存款账户是指存款人因临时需要并在规定期限内使用而开立的银行结算账户。

专用存款账户是指存款人按照法律、行政法规和规章，对其特定用途资金进行专项管理和使用而开立的银行结算账户。

五、单位活期存款利息计算

（一）基本计息公式

利息＝本金×存期×利率

（二）本金

以“元”为起息点，元以下的角、分不计息，利息的金额算至分位，分位以下四舍五入。

（三）存期

算头不算尾，计算利息时，存款天数一律算头不算尾，即从存入日起算至取款前一天止。

（四）利率

单位活期存款按结息日挂牌公告的活期存款利率计息，单位活期存款利率是由国家统一规定，中国人民银行挂牌公告。利率也称为利息率，是在一定日期内利息与本金的比率，一般分为年利率、月利率、日利率三种。年利率以百分比表示，月利率以千分比表示，日利率以万分比表示。为了计息方便，三种利率之间可以换算，其换算公式为：

年利率 ÷ 12 = 月利率

月利率 ÷ 30 = 日利率

年利率 ÷ 360 = 日利率

（五）单位活期存款结息日与结息期

我国活期存款按季结算，结息日为每季末月 20 日，即 3 月 20 日，6 月 20 日，9 月 20 日，12 月 20 日；次日活期利息入账。

项目活动 1　单位活期存款开户

【业务名称】

为单位客户长沙宏光有限公司办理活期存款开户

【实例操作】

例【4-1-1】2021 年 6 月 7 日，长沙宏光有限责任公司到模拟银行西湖支行开立单位活期存款基本账户，并存入人民币现金 5 000 元整，长沙宏光有限责任公司出示营业执照正本、组织机构代码证、法人身份证（周明顺，401303198112012442）等资料。

【操作步骤】

1. 业务受理。

客户向银行柜员描述其所需办理业务的类型，并向银行出示：单位营业执照、组织机构代码证、法人身份证等资料。填写单位银行结算账户申请书。

表 4-1-1

模拟银行　开立单位银行结算账户申请书

<table>
<tr><td>存款人名称</td><td colspan="3">长沙宏光有限责任公司</td><td colspan="4">电话</td><td colspan="14">0731-56789903</td></tr>
<tr><td>地址</td><td colspan="3">长沙市韶山南路 124 号</td><td colspan="4">邮编</td><td colspan="14">410006</td></tr>
<tr><td>存款人类别</td><td colspan="3">企业法人</td><td colspan="4">组织机构代码</td><td colspan="14">4328908001</td></tr>
<tr><td rowspan="2">☑法人代表
□单位负责人</td><td colspan="2">姓名</td><td colspan="19">周明顺</td></tr>
<tr><td>证件种类</td><td>身份证</td><td>证件号码</td><td>4</td><td>0</td><td>1</td><td>3</td><td>0</td><td>3</td><td>1</td><td>9</td><td>8</td><td>1</td><td>1</td><td>2</td><td>0</td><td>1</td><td>2</td><td>4</td><td>4</td><td>2</td></tr>
</table>

行业分类	F 批发零售				
经营范围	批发零售百货产品				
注册资金	100 万元	证明文件种类		编号	
税务登记证编号	12430948				
关联企业	无				
账户性质	☑基本　□一般　□专用　□临时				
资金性质	日常经营	有效日期至	2029-5-30		
以下为存款人上级或主管单位信息：					
上级法人或主管单位名称					
基本存款账户开户许可证核准号					
□法人代表 □单位负责人	姓名				
	证件种类		证件号码		
以下栏目由开户银行审核后填写：					
开户银行名称	模拟银行西湖支行	开户银行代码	1201		
账户名称	长沙宏光有限责任公司	账号	1201061204201204		
基本存款账户开户许可证核准号		开户日期			
单位代码类型	□企业法人代码证书 ☑营业执照 □行政机关 □社会团体 □军队				
营业执照号码	0123411	支付方式	□印鉴 □支付密码器		
代理人信息	名称		证件号码		
本存款人申请开立单位银行账户，并承诺提供的资料真实有效。 存款人（签章） 2021 年 6 月 7 日	开户银行审核意见： 同意 经办人（签章） 银行（签章） 2021 年 6 月 7 日	人民银行审核意见： 经办人（签章） 人民银行（签章） 年　月　日			

注：国民经济行业分类：A 农、林、牧、渔业；B 采矿业；C 制造业；D 电力、热力、燃气及水生产和供应业；E 建筑业；F 批发和零售业；G 交通运输、仓储和邮政业；H 住宿和餐饮业；I 信息传输、软件和信息技术服务业；J 金融业；K 房地产业；L 租赁和商务服务业；M 科学研究和技术服务业；N 水利、环境和公共设施管理业；O 居民服务、修理和其他服务业；P 教育；Q 卫生和社会工作；R 文化、体育和娱乐业；S 公共管理、社会保障和社会组织；T 国际组织。

2. 业务审核。

银行经办人员审核开户申请书填写事项的真实性、完整性、合规性，并在开户申请书银行意见栏加盖经办人员个人名章，审核客户营业执照、组织机构代码证、法人身份证填写是否正确。然后将所有材料一并交给会计主管，会计主管审核后在开户申请书银行意见栏签署相关意见，并加盖业务公章。

3. 开立账户。

银行柜员登录操作系统，进行开户信息录入，系统自动生成单位基本存款账号，自动记录开销户登记簿。账号生成后，在单位银行结算账户申请书上填写账号。

4. 客户预留印鉴。

单位客户在存款户支款印鉴卡上预留单位财务公章和法定代表人（授权代理人）私章。印鉴卡一式两份，单位留存一份，银行留存一份。印鉴卡如下图：

表 4－1－2

模拟银行 存款户支款印鉴卡

账户	1201061204201204	户名	长沙宏光有限责任公司		
地址	长沙市韶山南路 124 号	邮政编码	410006		
电话	0731－56789903	财务联系人	周然	是否通兑	否
印鉴	公章或财务专用章	法定代表人 授权代理人私章	启用日期 2021 年 6 月 7 日		
			备注： 经办：张 兰　主管：王成		

5. 银行交易处理。

客户现金存款交易。银行柜员清点好现金，要求客户填写现金缴款单。

表 4－1－3

模拟银行 现金缴款单（回单） 1

2021 年 6 月 7 日

客户填写	收款人户名	长沙宏光有限责任公司																
	收款人账号	1201061204201204			收款人开户行		模拟银行西湖支行											
	缴款人	周 然			款项来源		营业收入											
	币种（√）	人民币☑ 外币☐	大写：伍仟元整					千	百	十	万	千	百	十	元	角	分	
											¥	5	0	0	0	0	0	
	券别	100 元	50 元	20 元	10 元	5 元	2 元	1 元										
	张数	0	100															
银行打印	日期：	交易码：	日志号：	币种：														
	金额：	终端号：	授权主管：	柜员：														
				出纳：张 兰	复核：													

模拟银行西湖支行 20210607 现金收讫

银行会计分录：

借：现金　　5 000

　　贷：单位活期存款——长沙宏光有限责任公司　　5 000

6. 后续处理。

银行柜员交给客户回单及有关资料，正式开户还需要送审人民银行，告知客户在人民银行核准前暂不能取现及其他结算交易，但可以存款。

项目活动 2　单位活期存款续存

【业务名称】

为单位客户长沙宏光有限责任公司办理续存现金业务

【实例操作】

【例 4－1－2】2021 年 6 月 10 日，长沙宏光有限责任公司到模拟银行西湖支行缴存现金营业款，金额 12 000 元整。

【操作步骤】

1. 业务受理。

客户向银行柜员描述其所需办理业务的类型，并向银行出示：现金缴款单和现金。

表 4－1－4

模拟银行 现金缴款单（回单）　　1

2021 年 6 月 10 日

客户填写	收款人户名	长沙宏光有限责任公司						
	收款人账号	1201061204201204				收款人开户行	模拟银行西湖支行	
	缴款人	周 然				款项来源	营业收入	
	币种（√）	人民币☑ 外币☐	大写：壹万贰仟元整				千 百 十 万 千 百 十 元 角 分 ¥ 1 2 0 0 0 0 0	
	券别	100 元	50 元	20 元	10 元	5 元	2 元	1 元
	张数	100	40					
银行打印	日期：	交易码：		日志号：		币种：		
	金额：	终端号：		授权主管：		柜员：		
						出纳：张 兰	复核：	

模拟银行西湖支行 20210610 现金收讫

2. 业务审核。

银行柜员清点现金，审核现金缴款单填写是否正确，日期、大小写金额、券别张数是否相符。

3. 银行交易处理。

银行柜员进行现金交易处理，进入操作系统入账 12 000 元整到长沙宏光有限责任公司账户。会计分录为：

借：现金　　　　　　　　　　　　　　　　12 000

　　贷：单位活期存款——长沙宏光有限责任公司　　　　12 000

4. 后续处理。

银行柜员交有银行收讫公章的缴款单回单联给客户，送别客户。

项目活动 3　单位活期存款取款

【业务名称】

为单位客户长沙宏光有限责任公司办理现金支票取款业务

【实例操作】

例【4－1－3】2021 年 6 月 15 日，客户长沙宏光有限位责任公司在西湖支领购现金支票一本（凭证号码 0122 5001－01225025），转账支票一本（凭证号码 11226001－11226025），领购人周然的身份证号码 420301199106034368。

【操作步骤】

1. 客户银行柜员描述其所需办理业务的类型，并填写支票领购单的日期、户名、账号、领购经办人、身份证号、加盖领购单位预留银行印章。

2. 银行柜员填写领购现金支票和转账支票的起止号码。

3. 客户向银行缴纳工本费和手续费。

4. 银行交易处理。

借：现金　　　　　　　　　　　　35.00

　　贷：手续费收入——工本费　　　　15.00

　　　　　　　　　——手续费　　　　20.00

5. 后续处理。

单位客户来银行购买空白现金支票和转账支票各一本，用单位记账法记账如下：

付出：重要空白凭证——现金支票　　25

　　　　　　　　　——转账支票　　25

表 4－1－5

支票领购单

2021 年 6 月 15 日

户名	长沙宏光有限责任公司		账号	1201061204201204
领购	现金支票 1 本	起止号码	自　01225001　号至 01225025	
	转账支票 1 本	起止号码	自　11226001　号至 11226025	
领购单位签章（预留银行印章）		领购单位经办人	周然	
		身份证号	420301199106034368	
		银行经办人 经发：张 兰　　验印：张 兰		

表 4-1-6

模拟银行收费单

科目　　　　　　　　2021年6月15日

项 目	摘 要	金额 十	万	千	百	十	元	角	分
领购支票	手续费					2	0	0	0
	工本费					1	5	0	0
合计	（大写）叁拾伍元整				¥	3	5	0	0

（印章：模拟银行西湖支行 20190615 现金收讫）

经办人 张兰　　　　　　　　复核人

例【4-1-4】2021 年 6 月 16 日长沙宏光有限责任公司开出第一张支票（如下图）。

表 4-1-7

模拟银行 现金支票（模）　　A01225001

出票日期（大写）贰零贰壹 年 陆 月 壹拾陆 日　付款行名称：西湖支行

收款人：张红　出票人账号：1201061204201204

本支票付款期限十天

人民币（大写）	肆仟元整	千	百	十	万	千	百	十	元	角	分
					¥	4	0	0	0	0	0

用途：备用　科目借

上列款项请从　对方科目贷

我账户内支付　付讫日期 2021 年 6 月 26 日

出票人签章　出纳　复核　记账 张兰

（印章：长沙宏光有限责任公司 财务专用章；顺周印明；模拟银行西湖支行 20210616 现金付讫）

【操作步骤】

1. 业务受理。

银行柜员聆听客户业务要求，接受客户长沙宏光有限责任公司的现金支票。

表 4-1-8

附加信息：	长沙宏光有限责任公司 财务专用章　周顺明印 收款人　签章 2021 年 6 月 16 日
	身份证件名称：　　　　发证机关：
	号码

2. 业务审核。

（1）银行柜员审核支票必须记载的事项是否齐全，是否用墨汁或碳素墨水填写，重要事项是否有涂改，支票填写日期、付款期限是否超过 10 天，大小写金额是否一致，折角核对支票印章是否与预留的一致，密码是否正确。

（2）现金支票背书与收款人是否一致，宏光有限责任公司公司支取现金用途是否符合国家现金管理规定。

（3）签发人必须在银行账户余额内签发支票。对签发空头支票或印章与预留印鉴不符的支票，银行除退票外，要按票面金额处以 5%，但不低于 1 000 元的罚款。

3. 业务交易处理。

银行柜员取款 4 000 元现金交给客户，会计分录为：

借：单位活期存款——长沙宏光有限责任公司　　　4 000

　　贷：现金　　　　　　　　　　　　　　　　　　4 000

4. 后续处理。

银行柜员交现金给客户，提醒客户当面清点。银行柜台上有电子屏，请客户对此次业务的满意度做评价。

项目活动 4　单位活期存款计息销户

【业务名称】

为单位客户长沙宏光有限责任公司办理单位活期存款计息业务

【实例操作】

例【4－1－5】2021 年 6 月 20 日，银行为客户长沙宏光有限位责任公司计息结算，21 日利息入账，活期利率 0.35%。单位分户账（明细账）如下：

表 4－1－9

模拟银行（西湖支行）

长沙宏光有限责任公司　分户账　第 1 页

2021 年 月	日	凭证	摘要	借方发生额	贷方发生额	借或贷	余额
6	7	缴款单	存入营业款		5 000.00	贷	5 000.00
6	10	缴款单	存入营业款		12 000	贷	17 000.00
6	16	现支 5001	取款备用	4 000		贷	13 000.00
6	21	利息	计息		1.77	贷	13 001.77
			…				

【操作步骤】

1. 按照我国银行活期存款计息的规定，每季末月 20 日，活期账户都将进行利息计算。根据长沙宏光有限责任公司分户账，利息计算如下：

利息＝积数×日利率＝(5 000×3＋17 000×6＋13 000×5)×0.35%÷360＝1.77(元)

表 4－1－10

模拟银行 个人存款利息清单

2021 年 6 月 21 日

户名	长沙宏光有限责任公司	币种	人民币	账号	
积数	182000.00	利率	0.35%	1201061204201204	
计息余额	应税利息	税率	利息税	税后利息	实付金额
13000.00	1.77	0%	0	1.77	1.77

会计主管：　　　　复核：　　　　经办：张 兰

西湖支行 20210621 转讫

2. 银行交易处理。

6 月 21 日银行利息入账，会计分录如下：

借：利息支出——活期存款利息支出　　1.77

　　贷：单位活期存款——长沙宏光有限责任公司　　1.77

3. 后续处理。

6 月 21 日，银行会计经办人员进入操作系统，打印出所有单位活期存款利息计算单，并通知单位前来领取利息凭证。以便单位客户自己做账。

【业务名称】

为单位客户长沙宏光有限责任公司办理单位活期销户业务。

【实例操作】

例【4－1－6】2021 年 8 月 1 日，客户长沙宏光有限位责任公司来模拟银行西湖支行销户，销户时分户账如下：

表 4－1－11

模拟银行（西湖支行）

长沙宏光有限责任公司　分户账　第 1 页

2021 年		凭证	摘要	借方发生额	贷方发生额	借或贷	余额
月	日						
6	7	缴款单	存入营业款		5 000.00	贷	5 000.00
6	10	缴款单	存入营业款		12 000	贷	17 000.00
6	16	现支 5001	取款备用	4 000		贷	13 000.00
6	21	利息单	计息		1.77	贷	13 001.77
7	6	缴款单	存入营业款		20 000.00	贷	33 001.77
7	18	缴款单	存入营业款		20 000.00	贷	53 001.77
7	23	现支 5002	备用	20 000.00		贷	33 001.77
8	1	利息单	销户结息		11.21	贷	33 012.98
8	1	汇兑	销户转出	33 012.98		贷	－0－

【操作步骤】

1. 业务受理。

客户向银行柜员描述其所需办理业务的类型，并向其出示：公司《开户许可证》正本、法定代表人身份证及复印件。若非法定代表人来办理，需要法人授权书、经办人和法定代表人身份证及复印件等资料。

2. 业务审核。

（1）银行经办人员审核客户余额是否相符，对账单是否已核对。销户之前，要确保双方账户发生款项和账户余额完全核对相符，避免经济纠纷。

（2）在银行开立的贷款账户是否已结清所有债务（涉及对公贷款）；是否有在途的委托收款。

（3）单位基本账户销户，在打印的开户清单中查看，确认其他结算账户均已销户。非基本存款账户销户资金只能转入基本存款账户，打电话咨询基本户开户行客户的基本户是否正常状态。若为久悬户，是无法将资金转入的。

（4）未使用的重要空白凭证（现金支票、转账支票、实时通凭证等）要交回银行，并剪角作废处理，做通用凭证附件。

（5）交回印鉴卡第二联（客户联），若丢失，需单位开具因印鉴卡片丢失引起的经济纠纷由存款人承担的书面承诺。

3. 银行交易处理。

银行经办人员为单位活期存款账户办理结息业务。账户利息结计后，客户根据当前账户余额填写支付凭证。根据客户填写的支付凭证，选择相应的入户处理。若为跨行电汇，从内部户将其转出（电汇凭证一二联均须核对印鉴，第一联作为结清交易附件，第二联作为汇款附件）。

（1）账户结息

利息 =（13 001.77 × 15 + 33 001.77 × 12 + 53 001.77 × 5 + 33 001.77 × 9）× 0.35% ÷ 360 = 11.21（元）

表 4－1－12

模拟银行 个人存款利息清单

2021 年 8 月 1 日

户名	长沙宏光有限责任公司		币种	人民币	账号
积数	1 153 072.57		利率	0.35%	1201061204201204
计息余额	应税利息	税率	利息税	税后利息	实付金额
33 001.77	11.21	0%	0	11.21	11.21

会计主管：　　复核：　　经办：张兰

银行会计分录：

借：利息支出——活期利息支出　　11.21

　　贷：单位活期存款——长沙宏光有限责任公司　　11.21

（2）账户销户转出分录

借：单位活期存款——长沙宏光有限责任公司　　33 012.98

　　贷：清算资金往来　　33 012.98

（3）未使用的重要空白凭证剪角作废处理

长沙宏光有限责任公司领购现金支票一本，转账支票一本，各25份。根据单位业务情况，使用了2份现金支票，1份转账支票。剩余23份现金支票，24份转账支票。都应退交给银行西湖支行，银行柜员剪角作废处理。

4. 后续处理。

送别客户。撤销银行结算账户之日起2个工作日内，西湖支行向中国人民银行报送账户撤销。

模块一　活动练习题

一、单项选择

1. 单位存款的种类有（　　）、定期存款、通知存款、协议存款。

A. 活期存款　　B. 定活两便存款

C. 教育存款　　D. 零存整取存款

2. 按人民币银行结算账户管理办法规定，一家单位只能选择一家银行申请开立一个（　　）。

A. 专用存款账户　　B. 临时存款账户

C. 基本存款账户　　D. 一般存款账户

3. （　　）指工业、交通、商业、粮食、外贸和国营农业企业存入银行的款项，来源于企业中的暂时闲置资金和各项专用基金。

A. 财政性存款　　B. 机关团体存款

C. 企业存款　　D. 单位存款

4. （　　）是指不约定存款期限，可以随时办理存取的，并依照人民银行公布的活期存款利率按季计取利息的存款。

A. 企业活期存款　　B. 财政性活期存款

C. 不约期定存款　　D. 单位活期存款

5. 单位活期基本存款账户支取现金业务，用下列哪种凭证？（　　）

A. 转账支票　　B. 现金支票

C. 进账单　　D. 结算申请书

6. 现金支票的背书要和（　　）一致。

A. 收款人　　B. 取款人

C. 持票人　　D. 单位

7. 单位活期存款销户时，下列哪种凭证不需要缴回银行？（　　）。

A. 现金支票　　B. 转账支票

C. 银行汇票　　D. 现金缴款单

8. 非基本存款账户销户资金只能转入（　　）。

A. 一般存款账户　　B. 基本存款账户

C. 临时存款账户　　D. 专用存款账户

二、分录计算题

1. 2019 年 6 月 1 日，长沙中诚有限责任公司到模拟银行西湖支行开立单位活期存款基本账户，并存入人民币现金 5 000 元，请写分录。

2. 2019 年 6 月 10 日，长沙中诚有限责任公司支取现金 2 000 元整，请写分录。

3. 2019 年 7 月 10 日，长沙新兴有限责任公司来模拟银行西湖支行销户，销户时分户明细账如下表，请计算销户时的利息并写分录。

表 4－1－14

模拟银行（西湖支行）

新兴有限责任公司　分户账　第 1 页

2021 年		凭证	摘要	借方发生额	贷方发生额	借或贷	余额
月	日						
			…				
6	10	缴款单	存入营业款		12 000	贷	17 000. 00
6	16	现支 5001	取款备用	4 000		贷	13 000. 00
6	21	利息单	计息		101. 07	贷	13 101. 07
7	2	缴款单	存入营业款		10 000. 00	贷	23 101. 07
7	6	缴款单	存入营业款		20 000. 00	贷	43 101. 07
7	8	现支 4501	备用	20 000. 00		贷	23 101. 07
7	10	现支 4502	备用	3 000. 00		贷	20 101. 07

4. 2021 年 6 月 21 日至 9 月 20 日，模拟银行西湖支行开户单位阳海电子公司（1201061204201205）活期存款账户余额累计日积数和余额如下表，请计算本单位三季度的利息。

表 4－1－15

账号	户名	6 月 21 日—9 月 18 日 累计日积数	9 月 19 日余额	9 月 20 日余额
1201061204201205	阳海电子	120 000 800. 00	180 000. 00	175 000. 00

模块二　单位定期存款业务处理

相关业务基础知识

一、单位定期存款及计息

（一）单位定期存款的期限

单位定期存款的期限分三个月、半年、一年共三个档次。起存金额1万元，多存不限。

（二）单位定期存款账户管理

商业银行对单位定期存款实行账户管理（大额可转让定期存款除外）。存款时单位须提交开户申请书、营业执照正本等。并预留印鉴。印鉴应包括单位财务专用章、单位法定代表人印章（或主要负责人印章）和财会人员印章。由接受存款的商业银行给存款单位开出“单位定期存款开户证实书”（以下简称“证实书”），证实书仅对存款单位开户证实，不得作为质押的权利凭证。

存款单位支取定期存款只能以转账方式将存款转入其基本存款账户，不得将定期存款用于结算或从定期存款账户中提取现金。支取定期存款时，须出具证实书支取手续，同时收回证实书。

（三）单位定期存款计息

单位定期存款在存期内按存款存入日挂牌公告的定期存款利率计付利息，遇利率调整，不分段计息。

（四）单位定期存款支取

单位定期存款可以全部或部分提前支取，但只能提前支取一次。全部提前支取的，按支取日挂牌公告的活期存款利率计息；部分提前支取的，提前支取的部分按支取日挂牌公告的活期存款利率计息，其余部分如不低于起存金额由商业银行按原存期开具新的证实书，按原存款开户日挂牌公告的同档次定期存款利率计息；不足起存金额则予以清户。单位定期存款到期不取，逾期部分按支取日挂牌公告的活期存款利率计付利息。商业银行办理大额可转让定期存单业务按照《大额可转让定期存单管理办法》执行。

项目活动1　单位定期存款开户

【业务名称】

为单位客户长沙中信有限责任公司办理定期存款开户业务

【实例操作】

例【4－2－1】2020年7月21日，模拟银行西湖支行开户单位长沙中信有限责任公司（账号1201091101206009）申请开立定期存款账户，从活期存款中转账2 000 000元整，开立1年期定期存款账户，年利率为2.5%。银行经办人员为其办理相关手续。

【操作步骤】

1. 业务受理与凭证审核

客户向银行柜员描述其所需办理业务的类型，并向其出示：单位定期存款开户申请书，转账支票和填写进账单。

表4－2－1

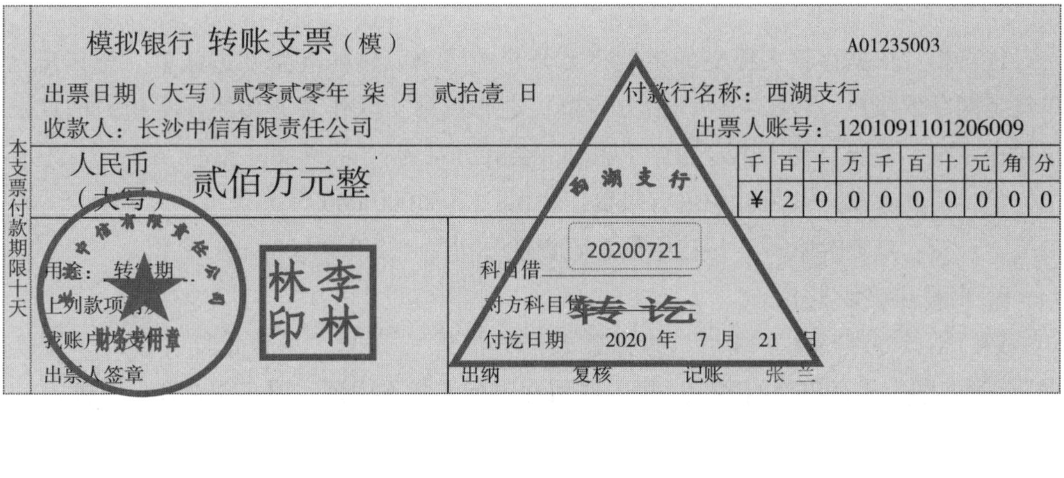

模拟银行 转账支票（模）　　A01235003

本支票付款期限十天

出票日期（大写）贰零贰零年 柒 月 贰拾壹 日　　付款行名称：西湖支行

收款人：长沙中信有限责任公司　　出票人账号：1201091101206009

人民币（大写）	贰佰万元整	千	百	十	万	千	百	十	元	角	分
		¥	2	0	0	0	0	0	0	0	0

用途：转定期

上列款项请从

我账户内支付

出票人签章

科目借

对方科目贷

付讫日期　2020年　7月　21日

出纳　复核　记账　张三

表 4－2－2

附加信息：	长沙中信有限责任公司 财务专用章　李林印 收款人　签章　2020 年 7 月 21 日
	身份证件名称：　　　　发证机关：
	号码

表 4－2－3

银行进账单（贷方凭证）　2

2020 年 7 月 21 日

出票人	全称	长沙中信有限责任公司		收款人	全称	长沙中信有限责任公司
	账号	1201091101206009			账号	
	开户银行	模拟银行西湖支行			开户银行	模拟银行西湖支行
金额	人民币（大写）	贰佰万元整				千 百 十 万 千 百 十 元 角 分 ¥ 2 0 0 0 0 0 0 0 0
票据种类		转账支票	票据张数	1		
票据号码		A01235003			经办 张 兰	复核

（印章：西湖支行 20200721 转讫）

2. 转存交易处理

银行柜员依据存款人提交的定期存款开户申请书、转账支票和进账单，为其开立单位定期存款账户，转账支票作借方传票，进账单第二联作贷方传票，将相关信息录入操作系统，系统自动产生定期存款账号。会计分录为：

借：活期存款——长沙中信有限责任公司　　2 000 000

　　贷：定期存款——长沙中信有限责任公司　　2 000 000

3. 出具开户证实书

银行柜员办理转账手续后，为存款人开具一式三联的“单位定期存款开户证实书”，第二联作为存单交给客户，第一联留存银行作贷方凭证，第三联交客户做账。

表 4-2-4

模拟银行<u>单位定期存款证实书</u>　　　　A8970004

存入日期　2020 年 7 月 21 日

<table>
<tr><td colspan="4" rowspan="2">户名：长沙中信有限责任公司　　账号：　013010874</td><td>存期 1 年</td><td>利率 2.5%</td></tr>
<tr><td colspan="2">到期日 2021 年 7 月 21 日</td></tr>
<tr><td colspan="4">大写金额　：人民币贰佰万元整</td><td colspan="2">小写：¥2 000 000.00 元</td></tr>
<tr><td>单位印鉴</td><td></td><td>银行印鉴</td><td>模拟银行西湖支行 业务公章</td><td colspan="2">备注：</td></tr>
</table>

4. 后续处理

银行柜员将第三联开户证实书作卡片按顺序专夹保管，转账支票和进账单加盖公章及经办人员名章与其他记账凭证一并保管。

项目活动 2　单位定期存款计息销户

【业务名称】

为单位客户长沙中信有限责任公司办理定期存款计息与销户业务

【实例操作】

例【4-2-2】2021 年 7 月 26 日，长沙中信有限责任公司出纳到模拟银行西湖支行办理定期存款账户到期销户并转出手续，年利率为 2.5%。银行经办人员为其办理相关手续。

【操作步骤】

1. 业务受理与凭证审核

各户向银行描述其所需办理业务的类型，并向其出示：单位定期存款存单，单位定期存款支取凭证（表略），支取凭证加盖预留印鉴，定期存单上加盖单位预留印鉴。

银行柜员受理存款人提交的资料，认真审核支取凭证填写的内容是否正确、完整，并调出专夹保管的证实书第三联卡片联进行核对，确保存款事实准确无误。

表 4－2－5

模拟银行单位定期存款证实书　　　　A8970004

存入日期　2020 年 7 月 21 日

户名：长沙中信有限责任公司　　账号：　013010874	存期 1 年	利率 2.5%
	到期日 2021 年 7 月 21 日	
大写金额 ：人民币贰佰万元整	小写：¥2 000 000.00 元	
单位印鉴：长沙中信有限责任公司 财务专用章；李林 林印　银行印鉴：模拟银行西湖支行 业务公章	备注：模拟银行西湖支行 结清	

2. 利息计算处理

银行柜员将信息输入会计处理系统，计算定期存款利息如下：

定期利息＝2 000 000×2.5%×1＝50 000（元）

存款 7 月 21 日到期，7 月 26 日支取，逾期天数算活期，活期利息 5 天，设活期年利率 0.36%，其活期利息为：

活期利息＝2 000 000×5×0.36%÷360＝100（元）

利息总额＝50 100（元）

表 4－2－6

模拟银行 单位定期利息清单

2021年7月26日

账号	业务种类		币种	本金	户名	
013010874	单位定期		人民币	2 000 000.00	长沙中信有限责任公司	
计息金额	应税利息	税率	利息税		税后利息	实付金额
2 000 000.00	50 100	2.5%	0		50 100	2 050 100

（印章：西湖支行 20210726 转讫）

会计主管：　　　　复核：　　　　经办：张兰

3. 会计交易处理

银行柜员按规定计息后，在支取凭证上填写利息金额，本息合计金额。支取凭证第一联作借方凭证，第二联作贷方凭证，相关凭证做附件。将定期本息合计转入活期存款账户中，会计分录为：

借：定期存款——长沙中信有限责任公司　　　　2 000 000
　　应付利息——应付定期存款利息　　　　　　　50 000
　　应付利息——应付活期存款利息　　　　　　　　100
　　贷：活期存款——长沙中信有限责任公司　　　　2 050 100

4. 后续处理

银行柜员将相关凭证回单交付给客户，送别客户，凭证装订保管。

模块二　活动练习题

一、单项选择题

1. 下列不能作权利质押凭证的是（　　）。

A. 单位定期存款证实书　　B. 国债凭证

C. 定期存单　　D. 汇票

2. 存款单位支取定期存款只能以转账方式将存款转入其（　　），不得将定期存款用于结算或从定期存款账户中提取现金。

A. 个人账户　　B. 基本存款账户

C. 专用存款账户　　D. 一般存款账户

3. 单位定期存款在存期内按存款（　　）挂牌公告的定期存款利率计付利息。

A. 支取日　　B. 存期内利息调整日

C. 存入日　　D. 到期日

4. 单位定期存款可以全部或部分提前支取，但只能提前支取（　　）。

A. 3 次　　B. 2 次

C. 1 次　　D. 4 次

5. 单位定期存款到期不取，逾期部分按（　　）挂牌公告的活期存款利率计付利息。

A. 支取日　　B. 存期内利息调整日

C. 存入日　　D. 到期日

二、综合题

2020 年 6 月 15 日，模拟银行西湖支行开户单位长沙中信有限责任公司（账号 1201091101206009）申请开立定期存款账户，从活期存款中转账 50 万元，开立 1 年期定期存款账户，假设当时定期年利率为 2.5%，活期年利率 0.72%。2021 年 7 月 15 日，长沙中信有限责任公司出纳到银行支取该存款，转入其活期存款账户；假设当时定期年利率为 2.4%，活期年利率 0.36%。请写出存入日、支取日的分录。

模块三　单位结算业务处理

相关业务基础知识

一、委托收款

委托收款是指收款人委托银行向付款人收取款项的结算方式。凡在银行或其他金融机构开立账户的单位和个体经济户的商品交易，公用事业单位向用户收取水电费、邮电费、煤气费、公房租金等劳务款项以及其他应收款项，无论是在同城还是异地均可使用委托收款的结算方式。

可以使用委托收款结算方式的凭证有已承兑商业汇票、债券、定期储蓄存款 、定活两便储蓄存款、活期储蓄存款。

委托收款凭证均一式五联。第一联回单，由收款人开户行给收款人的回单；第二联收款凭证，由收款人开户行作收入传票；第三联支款凭证，由付款人开户行作付出传票；第四联收款通知，由收款人开户行在款项收妥后给收款人的收款通知；第五联付款通知，由付款人开户行给付款人按期付款的通知。

二、托收承付

托收承付是指根据购销合同由收款人发货后委托银行向异地购货单位收取货款，根据合同对单或对证验货后，向银行承认付款的一种结算方式。托收承付亦称异地托收承付，是指根据购销合同由收款人发货后委托银行向异地付款人收取款项，由付款人向银行承认付款的结算方式。

托收承付结算方式只适用于异地订有经济合同的商品交易及相关劳务款项的结算。代销、寄销、赊销商品的款项，不得办理托收承付结算。《支付结算办法》规定，托收承付的适用范围是：(1）使用该结算方式的收款单位和付款单位，必须是国有企业或供销合作社以及经营较好，并经开户银行审查同意的城乡集体所有制工业企业。（2）办理结算的款项必须是商品交易以及因商品交易而产生的劳务供应款项。代销、寄销、赊销商品款项，不得办理托收承付结算。

三、汇兑

汇兑是汇款人委托银行将其款项支付给收款人的结算方式。单位和个人各种款项的结算，均可使用汇兑结算方式。这种方式便于汇款人向异地的收款人主动付款，适用范围十分广泛。简而言之，汇兑即委托银行作为付款人进行付款。

汇兑结算属于汇款人向异地主动付款的一种结算方式。它对于异地上下级单位之间的资金调剂、清理旧欠以及往来款项的结算等都十分方便。汇兑结算方式还广泛地用于先汇款后发货的交易结算方式。如果销货单位对购货单位的资信情况缺乏了解或者商品较为紧俏的情况下，可以让购货单位先汇款，等收到货款后再发货以免收不回货款。当然购货单位采用先汇款后发货的交易方式时，应详尽了解销货单位资信情况和供货能力，以免盲目地将款项汇出却收不到货物。如果对销货单位的资信情况和供货能力缺乏了解，可将款项汇到采购地，在采购地开立临时存款户，派人监督支付。

汇兑结算方式除了适用于单位之间的款项划拨外，也可用于单位对异地的个人支付有关款项，如退休工资、医药费、各种劳务费、稿酬等，还可适用个人对异地单位所支付的有关款项，如邮购商品、书刊等。

项目活动1　委托收款

【业务名称】

为单位客户长沙宏光有限责任公司办理委托收款业务

【实例操作】

【例4-3-1】2021年6月24日，长沙宏光有限责任公司持已承兑的银行承兑汇票到西湖支行进行委托收款，银行承兑汇票付款单位为武汉市华仁公司（账号274500890756，开户银行武汉建设银行东湖支行），银行承兑汇票金额为500 000元整。

【操作步骤】

1. 业务受理

客户向银行经办人员描述其所需办理业务的类型，并向其出示：收款单位为长沙宏光有限责任公司的银行承兑汇票、一式五联的委托收款单。

2. 业务审核

银行经办人员审核银行承兑汇票背书是否正确，审核委托收款凭证出票人、收款人信息填写是否正确，金额填写是否正确，大小写是否相符，款项内容、托收凭证名称、合同编号填写是否正确。

表 4－3－1

托收凭证（受理回单）　　1

2021年6月24日

<table>
<tr><td colspan="2">业务类型</td><td colspan="17">委托收款（☐邮划　☑电划）　托收承付（☑邮划　☐电划）</td></tr>
<tr><td rowspan="3">付款人</td><td>全称</td><td colspan="4">武汉市华仁公司</td><td rowspan="3">收款人</td><td>全称</td><td colspan="11">长沙宏光有限责任公司</td></tr>
<tr><td>账号</td><td colspan="4">274500890756</td><td>账号</td><td colspan="11">1201061204201204</td></tr>
<tr><td>地址</td><td>湖北武汉</td><td>开户行</td><td colspan="2">建行武汉东湖支行</td><td>地址</td><td colspan="2">湖南长沙</td><td colspan="3">开户行</td><td colspan="6">模拟银行西湖支行</td></tr>
<tr><td rowspan="2">金额</td><td rowspan="2">人民币（大写）</td><td colspan="6" rowspan="2">伍拾万元整</td><td>千</td><td>百</td><td>十</td><td>万</td><td>千</td><td>百</td><td>十</td><td>元</td><td>角</td><td>分</td></tr>
<tr><td></td><td>¥</td><td>5</td><td>0</td><td>0</td><td>0</td><td>0</td><td>0</td><td>0</td><td>0</td></tr>
<tr><td colspan="2">款项内容</td><td colspan="2">货款</td><td colspan="2">托收凭证名称</td><td colspan="2">银行承兑汇票</td><td colspan="4">附寄单证张数</td><td colspan="7">2</td></tr>
<tr><td colspan="2">商品发运情况</td><td colspan="4">商品已运发</td><td colspan="4">合同名称号码</td><td colspan="9">1238700</td></tr>
<tr><td colspan="4">备注　复核　记账</td><td colspan="6">款项收妥日期
年　月　日</td><td colspan="9">收款人开户银行盖章
年　月　日</td></tr>
</table>

模拟银行西湖支行 20210624 业务公章

3. 后续处理

银行经办人员受理委托收款业务后，把第一联回单联盖章交给客户，此委托收款业务银行已受理。

银行经办人员利用银行网络发联行电子报单到湖北武汉建行东湖支行。

【业务名称】

为单位客户武汉华仁公司办理单位客户委托收款付款业务。

【实例操作】

【例 4－3－2】武汉建设银行东湖支行收到对方银行信息（托收凭证第三联，开户单位武汉市华仁公司（账号 274500890756）），需付银行承兑汇票款项金额 500 000 元整，收款单位湖南长沙模拟银行西湖支行的长沙宏光有限责任公司。

【操作步骤】

1. 业务受理审核

武汉建设银行东湖支行银行经办人员仔细审核凭证信息，并核实是否为本行开户付款单位（银行可通知付款人），是否为本行承兑的银行承兑汇票，付款单位在此之前没有不付款的说明，视同同意付款，银行应将款项划给收款人。

银行在办理划款时，付款人存款账户不足支付的，应通过被委托银行向收款人发出未付款项通知书。按照有关办法规定，债务证明留存付款人开户银行的，应将其债务证明连同未付款项通知书邮寄被委托银行转交收款人。

如付款单位拒绝付款，则要作如下说明：

①付款人审查有关债务证明后，对收款人委托收取的款项需要拒绝付款的，可以办理拒绝付款。

②单位为付款人应在付款人接到通知日的次日起 3 日内出具拒绝证明，持有债务证明的，应将其送交付款人开户银行。银行将拒绝证明、债务证明和有关凭证一并寄给被委托银行（收款人开户银行），转交收款人。

表 4－3－2

托收凭证（借方凭证）　　3

2021年6月24日

业务类型	委托收款（□邮划 ☑电划　托收承付（□邮划 □电划）													
付款人	全称	武汉市华仁公司	收款人	全称	长沙宏光有限责任公司									
	账号	274500890756		账号	1201061204201204									
	地址	湖北武汉　开户行　建行武汉东湖支行		地址	湖南长沙　开户行　模拟银行西湖支行									
金额	人民币（大写）	伍拾万元整			千	百	十	万	千	百	十	元	角	分
						¥	5	0	0	0	0	0	0	0
款项内容	货款	托收凭据名称	银行承兑汇票	附寄单证张数	2									
商品发运情况	商品已运发		合同名称号码		1238700									
备注　复核 张兰　记账		收款人开户银行　2021 年 6 月 24 日		复核　记账 李亦										

2\. 银行交易处理

武汉东湖支行作分录如下：

借：单位活期存款——武汉市华仁公司　　　500 000

　　贷：清算资金往来　　　　　　　　　　　500 000

3\. 后续处理

委托付款银行付款后，把第四联盖章交给客户，第三联银行保留作单位付款的借方凭证。

项目活动 2　托收承付

【业务名称】

为单位客户长沙宏光有限责任公司办理托收承付业务

【实例操作】

【例4－3－3】2021年6月28日，长沙宏光有限责任公司到其开户行模拟银行西湖支行申请办理托收承付，付款单位为武汉市华仁公司（账号274500890756，开户银行武汉建设银行东湖支行），金额为600 000元整。3天后，该款项划回，银行工作人员按规定为其办理托收承付手续。

表4－3－3

托收凭证（贷方凭证）　2

2021年6月24日

业务类型	委托收款（□邮划　☑电划）　托收承付（□邮划　□电划）						
付款人	全称	武汉市华仁公司		收款人	全称	长沙宏光有限责任公司	
	账号	274500890756			账号	1201061204201204	
	地址	湖北武汉	开户行　建行武汉东湖支行		地址	湖南长沙	开户行　模拟银行西湖支行
金额	人民币（大写）	陆拾万元整				千 百 十 万 千 百 十 元 角 分	¥ 6 0 0 0 0 0 0 0
款项内容	货款	托收凭证名称	银行承兑汇票	附寄单证张数	2		
商品发运情况	商品已运发		合同名称号码	1238700			
备注　复核　记账		款项收妥日期　年　月　日		收款人开户银行盖章　年　月　日			

（印章：模拟银行西湖支行　20210624　业务公章）

【操作步骤】

1. 收款人开户行受理业务、审核凭证

长沙西湖支行经办人员收到收款人长沙宏光有限责任公司提交的托收凭证及托收依据，除按规定审查凭证的完整性、正确性以外，还应审查所办托收款项是否符合结算办法规定的范围和条件；凭证是否注明合同号码、发动日期和发运证件号码，有无发运证件；属于验货付款的，是否已加盖了“验货付款”戳记等。如单位交验发运证件后需取回的，银行应在托收凭证上加盖“已验发运证件”戳记后退交收款单位。审查无误后，加盖业务公章到托收凭证第一联，并退第一联凭证给收款单位，表示已受理了该业务。

2. 付款人开户行汇划款项

武汉东湖支行经办人员收到收款单位开户行汇划来的托收凭证及有关交易单证，经审查无误后，在托收凭证上注明承付期限。验单付款的承付期限为3天，从银行发出的承付通知的次日算起；验货付款的承付期限为10天，从运输部门向付款人发出提货通知的次日算起。承付期满后，付款人开户按规定办理划款手续，会计分录为：

借：活期存款——武汉市华仁公司　　600 000

　　贷：清算资金往来　　600 000

3. 收款人开户行收款入账

长沙西湖支行经办人员收到付款人开户行通过网络系统或大小额系统发来的划款信息，审核无误后打印资金汇划补充凭证，将留存的第二联托收凭证抽出并认真进行核对。如为同城业务，则将第四联托收凭证提回。办理款项入账手续，会计分录为：

借：清算资金往来　　　　　　　　　　　　　　600 000

　　贷：活期存款——长沙宏光有限责任公司　　　　600 000

项目活动 3　汇兑

【业务名称】

为单位客户长沙宏光有限责任公司办理汇兑汇出业务

【实例操作】

【例 4－3－4】2021 年 6 月 29 日，长沙宏光有限责任公司到其开户行模拟银行长沙西湖支行申请办理货款汇兑业务，收款单位为武汉市华仁公司（账号 274500890756，开户建设银行武汉东湖支行），金额为 60 000 元整。

表 4－3－4

模拟银行结算业务申请书　　　　1

申请日期：2021年6月29日

客户填写	业务类型	☐现金 ☑转账	☐加急汇兑　☑普通汇兑　☐汇票　☐本票　☐其他			
	申请人	全称：长沙宏光有限责任公司		收款人	全称	武汉市华仁公司
		账号：1201061204201204			账号	274500890756
		开户银行：模拟银行西湖支行			开户银行	模拟银行东湖支行
		汇款人身份证件类型及号码 号码：		附信息及用途：货款		
		联系电话	13908475678			
	金额（大写）人民币：　陆万元整			小写：￥60 000.00		
银行打印						

业务公章　20210629

【操作步骤】

1. 业务受理与凭证审核

模拟银行西湖支行汇款人申请人向银行经办人员描述其所需办理业务的类型，并向其出示：一式三联业务申请书。银行经办人员认真审查：申请书的各项内容是否齐全、正确；汇款人账户内是否有足够支付的余额；汇款人的印章是否与预留银行印鉴相符。

2. 汇款交易处理

银行经办人员以第二联盖有印鉴的作为借方传票，将有关信息录入业务处理系统转账，会计分录为：

借：活期存款——长沙宏光有限责任公司　　　60 000

　　贷：清算资金往来　　　　　　　　　　　　60 000

转账后，西湖支行经办人员根据第二联申请书生成电子汇兑资金汇划往账信息通知汇入行。第一联回单上加盖业务公章退给汇款单位做账。

3. 后续处理

西湖支行经办人员在相关记账凭证上加盖业务公章及经办人员名章，作为办理业务的凭证与其他凭证装订并保管。

【业务名称】

为单位客户武汉市华仁公司办理汇兑汇入业务

【实例操作】

【例4－3－5】2021年6月29日，建设银行武汉东湖支行收到一笔汇兑款项，收款单位为武汉市华仁公司，账号274500890756，付款单位是长沙宏光有限责任公司，开户行模拟银行西湖支行，系货款汇兑业务，金额为60 000元整。

表4－3－5

资金汇兑来账凭证

2021年6月29日

银行打印	发报日期 20190629	业务种类 汇兑	币种：人民币
	发报流水号 23456709	收报流水号 3456708	
	发报行号 001234	发报行名称 模拟银行西湖支行	
	收款人账号 274500890756	收账行名称 建设银行东湖支行	
	收报行行号 098979		
	收款人名称 武汉市华仁公司	付款人名称 长沙宏光有限责任公司	
	收款人账号 274500890756	付款人账号 1201061204201204	
	金额：陆万元整	小写：￥60 000.00	
	附言：货款		
	网点号 009	交易码 0989	柜员号 0980

【操作步骤】

1. 来账确认与凭证审核

汇入行收到汇出行的汇款信息，打印资金汇兑来账凭证（表4－3－5），审核相关信息内容。

2. 收款交易处理

银行经办人员审核凭证无误，以一联来账凭证作贷方传票。会计分录为：

借：清算资金往来　　　　　　　　　　60 000

　　贷：活期存款——武汉华仁公司　　　　　　60 000

3. 后续处理

银行经办人员在相关记账凭证上加盖业务公章及经办人员名章，作为办理业务的凭证与其他凭证一起装订并保管。

模块三　活动练习题

一、单项选择题

1. 汇兑业务一般是（　　）业务。

A. 同城　　　　B. 异地

C. 同城或异地　　　　D. 同行

2. 已承兑商业汇票、债券、定期储蓄存款、定活两便储蓄存款、活期储蓄存款凭证都可以使用（　　）结算方式。

A. 转账支票转账　　　　B. 委托收款

C. 托收承付　　　　D. 汇兑

3. 托收承付结算方式只适用于（　　）订有经济合同的商品交易及相关劳务款项的结算。

A. 同城　　　　B. 异地

C. 同城或异地　　　　D. 同行

二、综合题

1. 2021 年 6 月 8 日，长沙东诚有限责任公司（结算账号 125300987）向开户银行模拟银行西湖支行提交长沙中晨公司（建设银行五一路支行开户，结算账户 12530045）签发的转账支票，并填写进账单，金额 40 000 元整。转账收款单位为长沙东诚有限责任公司。请分别做西湖支行会计核算分录和五一支行会计核算分录。

2. 2021 年 6 月 9 日，模拟银行西湖支行客户山水中诚有限公司出纳张红（身份证号 430504197809084456，电话 13709800987）到模拟银行西湖支行办理汇兑业务，要求汇现金 35 000 元整，收款人：青云环保有限公司，开户银行：武汉农业银行五凌支行，账号：1252000564，用途：还欠款。

（1）填写申请书。

模拟银行结算业务申请书

申请日期：　　年　月　日

<table>
<tr><td rowspan="6">客户填写</td><td>业务类型</td><td>□现金
□转账</td><td colspan="4">□加急汇兑　□普通汇兑　□汇票　□本票　□其他</td></tr>
<tr><td rowspan="4">申请人</td><td>全称</td><td></td><td rowspan="3">收款人</td><td>全称</td><td></td></tr>
<tr><td>账号</td><td></td><td>账号</td><td></td></tr>
<tr><td>开户银行</td><td></td><td>开户银行</td><td></td></tr>
<tr><td>申请人身份证件类型及号码</td><td>□身份证号码</td><td colspan="3">附加信息及用途：</td></tr>
<tr><td colspan="6">金额（大写）人民币：　　　　　　小写：</td></tr>
</table>

（2）请写西湖支行的会计核算分录。

（3）款项到达五凌支行，请写五凌支行的会计核算分录。

模块四　单位票据结算业务处理

相关业务基础知识

票据业务是银行一项传统的资产业务。银行的票据业务是建立在商业信用基础之上的，是银行信用和商业信用的结合。开办票据业务，可以促进商业信用的票据化，加强对商业信用的管理，为促进商品生产和商品流通、搞活经济创造条件。

一、转账支票

转账支票是由单位或个人签发的，通知银行从其账户上支取款项的凭证。转账支票只能用于转账，不能提取现金，只能同城使用。它适用于各单位之间的商品交易、劳务供应和其他经济往来的款项结算。转账支票由付款单位签发后交收款单位，不准委托收款单位代签；不准签发空头支票和远期支票；不准出租出借支票。所有在银行开立存款账户的单位和个人，经过人民银行批准开办支票业务的营业网点均可办理。使用转账支票要注意：

（1）无金额起点的限制；

（2）转账支票只能用于转账，不得支取现金；

（3）转账支票可以背书转让给其他债权人；

（4）客户签发的转账支票可直接交给收款人，由收款人到其开户银行办理转账；

（5）转账支票的收款人名称、金额可以由出票人授权补记，未补记的不得背书转让。

二、银行本票

本票，是指签发人于到期日无条件支付一定金额给收款人的票据。这种票据只涉及出票人和收款人两方。出票人签发本票并有付款义务。本票一般应载明：“本票”字样，无条件支付承诺；出票人签字；出票日期和地点；确定的金额；收款人或其指定人姓名。

银行本票是申请人将款项交存银行，由银行签发的承诺自己在见票时无条件支付确定的金额给收款人或者持票人的票据。银行本票按照其金额是否固定可分为不定额和定额两种。不定额银行本票是指凭证上金额栏是空白的，签发时根据实际需要填写金额（起点金额为100元），并用压数机压印金额的银行本票；定额银行本票是指凭证上预先印有固定面额的银行本票。定额银行本票面额为1 000元，5 000元，10 000元和50 000元，其提示付款期限自出票日起最长不得超过2个月，持票人超过付款期限提示付款的，代理付款人不予受理。银行本票的代理付款人是代理出票银行审核支付银行本票款项的银行。银行本票，见票即付，不予挂失，当场抵用，付款保证程度高。

签发银行本票必须记载下列事项：

（1）表明“银行本票”的字样；

（2）无条件支付的承诺；

（3）确定的金额；

（4）收款人名称；

（5）出票日期；

（6）出票人签章。

欠缺记载上列事项之一的，银行本票无效。

银行本票在同一票据交换区域内使用，适用于单位和个人各种款项结算。银行本票可以用于转账，填明“现金”字样的银行本票，也可以用于支取现金，现金银行本票的申请人和收款人均为个人；银行本票可以背书转让，填明“现金”字样的银行本票不能背书转让；在银行开立存款账户的持票人向开户银行提示付款时，未在银行开立存款账户的个人持票人，持注明“现金”字样的银行本票向出票银行支取现金时，应在银行本票背面签章，记载本人身份证件名称、号码及发证机关；银行本票丧失，失票人可以凭人民法院出具的享有票据权利的证明，向出票银行请求付款或退款。

三、银行汇票

银行汇票是指由出票银行签发的，由其在见票时按照实际结算金额无条件付给收款人或者持票人的票据。银行汇票的出票银行为经中国人民银行批准办理银行汇票的银行。多用于办理异地转账结算和支取现金，由其在见票时，按照实际结算金额无条件支付给收款人或持票人的票据。银行汇票有使用灵活、票随人到、兑现性强等特点，适用于先收款后发货或钱货两清的商品交易。

银行汇票一式四联，第一联为卡片，为兑付行支付票款时作付出传票；第二联为银行汇票，与第三联解讫通知一并由汇款人自带，在兑付行兑付汇票后此联做银行往来账付出传票；第三联解讫通知，在兑付行兑付后随报单寄签发行，由签发行做余款收入传票；第四联是多余款通知，并在签发行结清后交汇款人。

银行汇票的付款期为 1 个月。这里所说的付款期，是指从签发之日起到办理兑付之日止的时期。比如签发日为 3 月 5 日，则付款期到 4 月 5 日止。如果到期日遇节假日可以顺延。逾期的汇票，兑付银行将不予办理。

签发银行汇票必须记载的事项：

（1）表明“汇票”的字样；

（2）无条件支付的承诺；

（3）确定的金额；

（4）付款人名称；

（5）收款人名称；

（6）出票日期；

（7）出票行签章（汇票专用章、经办人员名章）。

汇票上未记载前款规定事项之一的，汇票无效。

单位和个人各种款项的结算，均可使用银行汇票。银行汇票可以用于转账，填明“现金”字样的银行汇票也可以用于支取现金。申请人或者收款人为单位的，不得在“银行汇票”上填明“现金”字样。

与其他银行结算方式相比，银行汇票结算方式具有如下特点：

（1）适用范围广。

银行汇票是目前异地结算中较为广泛采用的一种结算方式。这种结算方式不仅适用于在银行开户的单位、个体经济户和个人，而且适用于未在银行开立账户的个体经济户和个人。凡是各单位、个体经济户和个人需要在异地进行商品交易、劳务供应和其他经济活动及债权债务的结算，都可以使用银行汇票；并且银行汇票既可以用于转账结算，也可以支取现金。

（2）票随人走，钱货两清。

实行银行汇票结算，购货单位交款，银行开票，票随人走；购货单位购货开票，销售单位验票发货，一手交票，一手交货；银行见票付款，这样可以减少结算环节，缩短结算资金在途时间，方便购销活动。

（3）信用度高，安全可靠。

银行汇票是银行在收到汇款人款项后签发的支付凭证，因而具有较高的信誉，银行保证支付，收款人持有票据，可以安全及时地到银行支取款项。而且，银行内部有一套严密的处理程序和防范措施，只要汇款人和银行认真按照汇票结算的规定办理，汇款就能保证安全。一旦汇票丢失，如果确属现金汇票，汇款人可以向银行办理挂失，填明收款单位和个人，银行可以协助防止款项被他人冒领。

（4）使用灵活，适应性强。

实行银行汇票结算，持票人可以将汇票背书转让给销货单位，也可以通过银行办理分次支取或转让，另外还可以使用信汇、电汇或重新办理汇票转汇款项，因而有利于购货单位在市场上灵活地采购物资。

（5）结算准确，余款自动退回。

一般来讲，购货单位很难准确确定具体购货金额，因而出现汇多用少的情况是不可避免的。在有些情况下，多余款项往往长时间得不到清算从而给购货单位带来不便和损失。而使用银行汇票结算则不会出现这种情况，单位持银行汇票购货，凡在汇票的汇款金额之内的，可根据实际采购金额办理支付，多余款项将由银行自动退回。这样可以有效地防止交易尾欠的发生。

四、银行承兑汇票

商业汇票分为商业承兑汇票和银行承兑汇票。由银行承诺到期付款的汇票称为银行承兑汇票；由实力雄厚、信誉卓著的企业承诺到期付款的汇票称为商业承兑汇票。由于市场经济所必需的信用体系在我国尚未完全建立，商业承兑汇票使用范围并不广泛，我们经济生活中大量使用的是银行承兑汇票。

银行承兑汇票是商业汇票的一种。指由在承兑银行开立存款账户的存款人签发，向开户银行申请并经银行审查同意承兑的，保证在指定日期无条件支付确定的金额给收款人或持票人的票据。对出票人签发的商业汇票进行承兑是银行基于对出票人资信的认可而给予的信用支持。银行承兑汇票是由付款人委托银行开具的一种延期支付票据，票据到期银行具有见票即付的义务；票据最长期限为六个月，票据期限内可以进行背书转让。

银行承兑汇票一式三联。第一联为卡片，由承兑银行作为底卡进行保存；第二联由收款人开户行向承兑银行收取票款时作联行往来账付出传票；第三联为存根联，由签发单位编制有关凭证。

由于有银行担保，所以银行对委托开具银行承兑汇票的单位有一定要求，一般情况下会要求企业存入票据金额等值的保证金至票据到期时解付，也有些企业向银行存入票据金额百分之几十的保证金，但银行必须向企业做银行承兑汇票授信并在授信额度范围内使用信用额度，如果没有银行授信是没有开具银行承兑汇票资格的。

银行承兑汇票的出票人具备的条件：

（1）在承兑银行开立存款账户的法人以及其他组织；

（2）与承兑银行具有真实的委托付款关系；

（3）能提供具有法律效力的购销合同及其增值税发票；

（4）有足够的支付能力、良好的结算记录和结算信誉。

（5）与银行信贷关系良好，无贷款逾期记录；

（6）能提供相应的担保，或按要求存入一定比例的保证金；

（7）出票人有良好的信用保证。

签发银行承兑汇票必须记载下列事项：

（1）表明“银行承兑汇票”的字样；

（2）无条件支付的委托；

（3）确定的金额；

（4）付款人名称；

（5）收款人名称；

（6）出票日期；

（7）出票人签章。

欠缺记载上述规定事项之一的，银行承兑汇票无效。银行承兑汇票应由在承兑银行开立存款账户的存款人签发。

五、商业承兑汇票

商业承兑汇票是商业汇票的一种，是指收款人开出经付款人承兑，或由付款人开出并承兑的汇票。使用汇票的单位必须是在人民银行开立账户的法人，要以合法的商品交易为基础，而且汇票经承兑后，承兑人（即付款人）便负有到期无条件支付票款的责任，同时汇票可以向银行贴现，也可以流通转让。在商品交易中，销货人向购货人索取货款的汇票时，存款人必须在汇票的正面签“承兑”字样，加盖银行预留印鉴。在汇票到期前付款人应向开户银行交足票款。汇票到期后，银行凭票从付款单位账户划转给收款人或贴现银行。汇票到期若付款人账户不足支付，开户银行将汇票退收款人，由收、付双方自行解决。同时对付款人比照空头支票规定，处以票面金额百分之一的罚金。

商业承兑汇票既可以由付款人签发，也可以由收款人签发，汇票根据承兑人的不同，商业汇票分为商业承兑汇票和银行承兑汇票。商业承兑汇票是指由付款人签发并承兑，或由收款人签发交由付款人承兑的汇票。商业承兑汇票是由银行以外的付款人承兑的票据。商业承兑汇票的付款期限，纸票最长不超过6个月，电票最长不超过12

个月；商业承兑汇票的提示付款期限，自汇票到期日起 10 天；商业承兑汇票可以背书转让；商业承兑汇票的持票人需要资金时，可持未到期的商业承兑汇票向银行申请贴现；适用于同城或异地结算。

签发商业承兑汇票必须记载下列事项：

（1）表明“商业承兑汇票”的字样；

（2）无条件支付的委托；

（3）确定的金额；

（4）付款人名称；

（5）收款人名称；

（6）出票日期；

（7）出票人签章。

欠缺记载上述规定事项之一的，商业承兑汇票无效。商业承兑汇票可以由付款人签发并承兑，也可以由收款人签发交由付款人承兑。

项目活动 1 转账支票

【业务名称】

为单位客户长沙宏光有限责任公司办理转账支票业务

【实例操作】

例【4－4－1】2021 年 6 月 20 日，长沙宏光有限责任公司开出转账支票（如下图），到模拟银行西湖支行转账支出 8 000 元整，支付给城东燃气公司，账号 1203008652125507，开户银行工商银行城东支行。存根部分自留做账。

表 4－4－1

模拟银行
转账支票存根（模）
B11226001
附加信息
出票日期 2021 年 6 月 20 日
收款人：城东燃气公司
金 额：¥8 000.00
用 途：备用
单位主管 会计

本支票付款期限十天

模拟银行转账支票（模） B11226001
出票日期（大写）贰零贰壹年陆月 零贰拾日 付款行名称：西湖支行
收款人：城东燃气公司 出票人账号：1201061204201204

人民币（大写）	捌仟元整	千	百	十	万	千	百	十	元	角	分
					¥	8	0	0	0	0	0

用途：付[illegible]
上列款项请从
我账户内支付
出票人签章
财务专用章
周明顺印

科目借
对方科目贷
付讫日期 年 月 日
出纳 复核 记账

【操作步骤】

1. 业务受理

客户向银行经办人员描述其所需办理业务的类型，并向其出示：转账支票和进账单。

2. 业务审核

①银行经办人员审核转账支票必须记载的事项是否齐全，是否用墨汁或碳素墨水填写，重要事项是否有涂改，支票填写日期、付款期限是否超过 10 天，大小写金额是否一致，折角核对转账支票印章是否与预留的一致。

②转账支票背书与收款人是否一致，持票人还应交身份证件并记录其号码和发证机关在支票背面。

③签发人必须在银行账户余额内，按照规定向收款人签发支票。对签发空头支票或印章与预留印鉴不符的支票，银行除退票外，要按票面金额处以 5%，但不低于 1 000 元的罚款。

表 4-4-2

银行进账单（回单）　　1

2021 年 6 月 20 日

<table>
<tr><td rowspan="3">出票人</td><td>全称</td><td colspan="2">长沙宏光有限责任公司</td><td rowspan="3">收款人</td><td>全称</td><td colspan="9">城东燃气公司</td><td rowspan="7">第一联 回单联</td></tr>
<tr><td>账号</td><td colspan="2">1201061204201204</td><td>账号</td><td colspan="9">1203008652125507</td></tr>
<tr><td>开户银行</td><td colspan="2">模拟银行西湖支行</td><td>开户银行</td><td colspan="9">工商银行城东支行</td></tr>
<tr><td rowspan="2">金额</td><td rowspan="2">人民币（大写）</td><td colspan="4" rowspan="2">捌仟元整</td><td>百</td><td>十</td><td>万</td><td>千</td><td>百</td><td>十</td><td>元</td><td>角</td><td>分</td></tr>
<tr><td></td><td></td><td>¥</td><td>8</td><td>0</td><td>0</td><td>0</td><td>0</td><td>0</td></tr>
<tr><td colspan="2">票据种类</td><td>转账支票</td><td>票据张数</td><td>1</td><td colspan="10" rowspan="2"></td></tr>
<tr><td colspan="2">票据号码</td><td colspan="3">B11226001</td></tr>
<tr><td colspan="3">经办：张　兰</td><td colspan="2">复核：</td><td colspan="11">开户银行盖章</td></tr>
</table>

3. 业务交易处理

办理转账交易，会计分录为：

借：单位活期存款——长沙宏光有限责任公司　　8 000

　　贷：资金清算往来　　8 000

4. 后续处理

现金交给客户，提醒客户当面清点。银行柜台上有电子屏，要求客户对此次业务的满意度做评价。

随着网络银行的发展，转账业务可以直接通过网上转账比较便捷。以农业银行为例说明操作步骤。

具体操作步骤：

1. 打开对公账户银行网站，插入网银的其中任意一把钥匙，登陆对公网银。

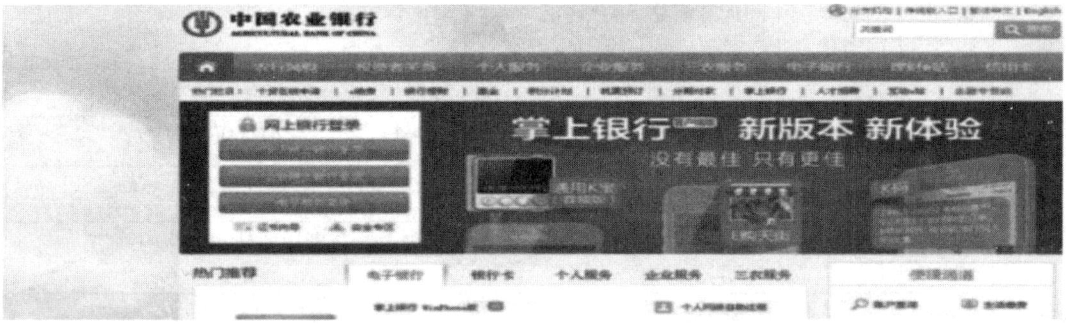

2. 点击“付款业务”，下面一栏点击“收款方管理”，下拉点击“收款方信息维护”，选择对方账户的性质，对公还是对私，然后再点击“新增”。把要转入账户的基本信息填进去（带有红＊的必填），点击“确定”。

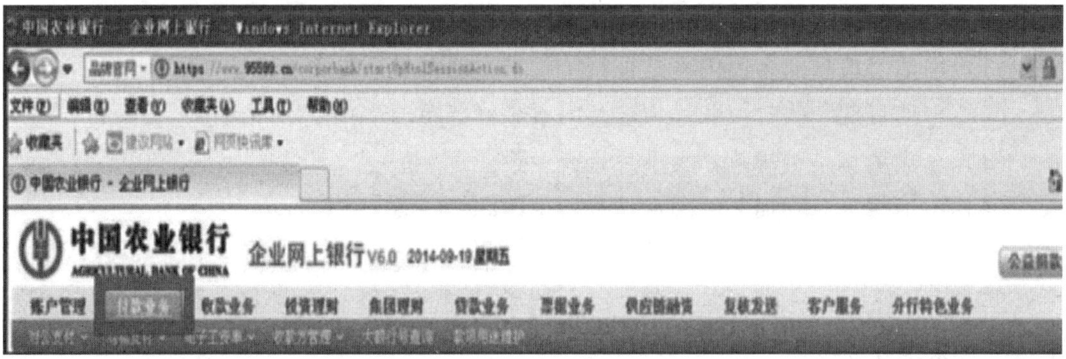

项目活动 2　银行本票

【业务名称】

为单位客户长沙宏光有限责任公司办理银行本票签发、兑付、结清业务

【实例操作】

【例 4－4－2】2021 年 7 月 1 日，模拟银行西湖支行开户单位长沙宏光有限责任公司（账号 1201061204201204）提交申请书申请签发银行本票，金额 88 000 元整，系支付给市建设银行第一支行开户单位长沙中诚有限公司（账号 20160879059）的货款。模拟银行西湖支行经办人员按规定办理签发业务。

表 4 –4 –3

模拟银行结算业务申请书　　　　1

申请日期：　2021 年 7 月 1 日

客户填写	业务类型	□现金 ☑转账	□加急汇兑 □普通汇兑 □汇票 ☑本票 □其他			
	申请人	全称	长沙宏光有限责任公司	收款人	全称	长沙中诚有限公司
		账号	1201061204201204		账号	20160879059
		开户银行	模拟银行西湖支行		开户银行	建设银行第一支行
		密码：	用途：货款 注明：	上列款项及相关费用请从我账户内支付。		
	金额（大写）人民币：捌万捌仟元整				小写：88000 元	

会计主管：　　　　复核：李一凡　　　　记账：张 兰

【操作步骤】

1. 业务受理与凭证审核

客户向银行经办人员描述其所需办理业务的类型，并向其出示：银行结算业务申请书。西湖支行经办人员接收结算申请书，认真审查以下内容：

（1）申请书填写的各项内容是否符合要求，要素填写是否齐全。

（2）申请日期、收款人账号户名及出票金额等重要事项是否涂改。

（3）金额填写是否规范，大小写是否一致。

（4）申请书第二联加盖的印章是否与预留印章一致。

2. 银行交易处理

西湖支行经办人员审查无误后，以申请书的第二联作借方凭证，将相关信息录入业务处理系统办理转账。会计分录为：

借：活期存款——长沙宏光有限责任公司　　88 000

　　贷：开出本票　　88 000

3. 签发银行本票

西湖支行签发一式两联银行本票（表 4 –4 –4），第一联卡片，第二联本票联。

签发本票时应注意：

（1）本票申请人和收款人为单位，不得签发现金本票。

（2）出票日期和金额必须大写。

（3）如申请书中注明不得转让事项，应在本票备注中注明。

签发的本票经复核人员确认无误后，按规定程序加编本票密押后，加盖银行本票专用章并由授权经办人签名后交申请人。

表 4－4－4

模拟银行　本　票　　2　　A001567709

提示付款日期两个月

出票日期（大写）贰零贰壹年柒月零壹日

收款人：长沙中诚有限公司　　申请人：长沙宏光有限责任公司

人民币 凭票即付（大写） 捌万捌仟元整	亿	千	百	十	万	千	百	十	元	角	分
				¥	8	8	0	0	0	0	0

☑转账　□ 现金　　密押 2085744567

行号 1201

备注：货款

（张　兰）　出纳：　复核：　经办：

4. 后续处理

出票经办行西湖支行把申请书的第一联盖转讫退交给申请单位做账，第二联本票交申请单位经办人员，第一联本票卡片联银行工作人员加盖公章、私章后专夹保管。并将出票信息录入相关清算系统，以待银行本票兑付时资金清算。

【实例操作】

【例 4－4－3】2021 年 7 月 2 日，建设银行第一支行开户单位长沙中诚有限公司（账号 20160879059）提交本票和进账单兑付银行本票，系模拟银行西湖支行开户单位长沙宏光有限责任公司（账号 1201061204201204）7 月 1 日签发，金额 88 000 元整，建行第一支行经办人员按规定办理兑付业务。

表 4－4－5

模拟银行　本　票　　2　　A001567709　　附件

提示付款日期两个月

出票日期（大写）贰零贰壹年柒月零壹日

收款人：长沙中诚有限公司　　申请人：长沙宏光有限责任公司

人民币 凭票即付（大写） 捌万捌仟元整	亿	千	百	十	万	千	百	十	元	角	分
				¥	8	8	0	0	0	0	0

☑转账　□ 现金　　密押 2085744567

行号 1201

备注：货款

出纳：张　兰　复核：李　凡　经办：陆　平

表 4－4－6

银行进账单（贷方凭证）

2021 年 7 月 2 日

<table>
<tr><td rowspan="3">出票人</td><td>全称</td><td colspan="2">长沙宏光有限责任公司</td><td rowspan="3">收款人</td><td>全称</td><td colspan="9">长沙中诚有限公司</td></tr>
<tr><td>账号</td><td colspan="2">1201061204201204</td><td>账号</td><td colspan="9">20160879059</td></tr>
<tr><td>开户银行</td><td colspan="2">模拟银行西湖支行</td><td>开户银行</td><td colspan="9">建设银行第一支行</td></tr>
<tr><td rowspan="2">金额</td><td rowspan="2">人民币（大写）</td><td colspan="4" rowspan="2">捌仟捌佰元整</td><td>百</td><td>十</td><td>万</td><td>千</td><td>百</td><td>十</td><td>元</td><td>角</td><td>分</td></tr>
<tr><td></td><td>¥</td><td>8</td><td>8</td><td>0</td><td>0</td><td>0</td><td>0</td><td>0</td></tr>
<tr><td colspan="2">票据种类</td><td>银行本票</td><td>票据张数</td><td colspan="11" rowspan="3">转讫 20210702
开户银行盖章</td></tr>
<tr><td colspan="2">票据号码</td><td colspan="2">A001567709</td></tr>
<tr><td colspan="2">经办：陆平</td><td colspan="2">复核：</td></tr>
</table>

【操作步骤】

1. 业务受理与凭证审核。

客户向银行经办人员描述其所需办理业务的类型，并向其出示：银行本票和进账单。

第一支行经办人员认真审核提交的凭证和票据，审查内容有：

（1）审查本票防伪特点，银行本票是否真实；

（2）进账单填写是否与本票内容相符，收款人是否在本行开户；

（3）本票必须记载事项是否齐全，金额、出票日期、收款人名称是否更改，其他记载事项是否明晰；

（4）大小写金额是否一致，密押是否正确，签章是否符合规定；

（5）本票背面的“提示付款签章”处是否签有持票人的签章，背书转让的本票是否按规定的范围转让，背书是否连续。

2. 审核无误后，银行经办人员将进账单第一联加盖业务受理章退给持票单位做账。

3. 录入信息。

代理付款行应将本票相关信息录入计算机系统，通过大小额支付系统或电子汇兑系统发送给出票行确认，收到确认信息打印业务回执单，办理本票解付。

4. 兑付行交易处理。

代理付款行办理解付手续，第二联进账单作入账贷方凭证，本票联和回执联作附件，将入账信息记入业务操作系统，会计分录为：

借：待清算支付款项　　　　　　　　88 000

　　贷：活期存款——长沙中诚有限公司　　　　88 000

5. 后续处理。

本票银行资金清算时，代理付款行还将与人民银行清算一次，分录为：

借：存放中央银行款项　　　　　　　88 000

　　贷：待清算支付款项　　　　　　　88 000

【实例操作】

【例 4－4－4】2021 年 7 月 2 日，模拟银行西湖支行收到市建行第一支行发来已兑付银行本票信息，申请人为开户单位长沙宏光有限责任公司（账号 1201061204201204），金额 88 000 元整，系支付给市建设银行第一支行开户单位长沙中诚有限公司（账号 20160879059）的货款。模拟银行西湖支行经办人员按规定办理本票结清业务。

表 4－4－7

模拟银行　本　票（卡片）　　2　　A001567709

（印章：第一支行　附件）

提示付款日期两个月

出票日期（大写）贰零贰壹年柒月零壹日　　（印章：模拟银行西湖支行　结清）

收款人：长沙中诚有限公司　　　　申请人：长沙宏光有限责任公司

人民币凭票即付（大写）	亿	千	百	十	万	千	百	十	元	角	分
捌万捌仟元整				¥	8	8	0	0	0	0	0

☑转账　☐现金　　（印章：模拟银行西湖支行 20210701 本票专用章）　　密押 2085744567

　　　　　　　　　　　　　　　　　　　　　行号 1201

备注：货款　　张兰　　出纳：　　复核：　　经办：

【操作步骤】

1. 解付信息核对与信息确认。

当出票行收到大小额支付系统或电子汇兑系统发来的解付本票电子信息时，出票行将该信息与银行操作系统中的本票信息核对。本票第一联卡片（表 4－4－7）作附件，打印凭证作借方凭证，进行本票结清业务处理。

2. 核对信息相符后，支付本票款，会计分录为：

借：开出本票　　　　　　　　88 000

　　贷：待清算支付款项　　　　　　88 000

3. 资金清算。

本票银行资金清算时，代理付款行还将与人民银行清算一次，分录为：

借：待清算支付款项　　　　　88 000

　　贷：存放中央银行款项　　　　　88 000

4. 后续处理。

出票银行经办人员在相关记账凭证上加盖业务公章及经办人名章，作为办理业务的凭证与其他凭证一起装订保管。

【特殊情况处理】

如出票行出票人办理银行本票后，持票人（收款人）的开户行也在本行。持票人应填写一式三联的进账单，第二联进账单作贷方凭证，本票作借方凭证，无须资金清算，直接办理支付收款手续，会计分录为：

办理本票时：

借：活期存款——出票人户

　　贷：开出本票

兑付本票时：

借：开出本票

　　贷：活期存款——持票人户

如出票行出票后，在兑付行兑付时，因有些原因没有兑付，本票又退回来了。原出票人的分录为：

借：开出本票

　　贷：活期存款——出票人户

项目活动2　银行汇票

【业务名称】

为单位客户长沙宏光有限责任公司办理银行汇票业签发、兑付、结清业务

【实例操作】

【例4－4－5】2021年7月1日，模拟银行西湖支行开户单位长沙宏光有限责任公司（账号1201061204201204）提交申请书申请签发银行汇票，金额90 000元整，系支付给建设银行武汉第一支行开户单位武汉好家乐有限责任公司（账号20293899001）的货款。模拟银行西湖支行经办人员按规定办理签发业务。

表 4－4－8

模拟银行结算业务申请书　　　1

申请日期：　2021 年 7 月 1 日

客户填写	业务类型	□现金 ☑转账	□加急汇兑 □普通汇兑 ☑汇票 □本票 □其他			
	申请人	全称	长沙宏光有限责任公司	收款人	全称	武汉好家乐有限责任公司
		账号	1201061204201204		账号	20293899001
		开户银行	模拟银行西湖支行		开户银行	建设银行武汉第一支行
		密码：	用途：货款 注明：	上列款项及相关费用请从我账户内支付。		
	金额（大写）人民币：玖万元整				小写：90 000元	

西湖支行 20210701 转讫

会计主管：　　　　复核：李一凡　　　　记账：张 兰

【操作步骤】

1. 业务受理与凭证审核

客户向银行经办人员描述其所需办理业务的类型，并向其出示：银行结算业务申请书。

模拟银行西湖支行经办人员收到申请书，认真审查以下内容：

（1）申请书填写的各项内容是否符合要求，要素填写是否齐全。

（2）申请日期、收款人账号户名及出票金额等重要事项是否涂改。

（3）金额填写是否规范，大小写是否一致。

（4）申请书第二联加盖的印章是否与预留印章一致。

2. 银行交易处理

西湖支行经办人员审查无误后，以申请书的第二联作借方凭证，将相关信息录入业务处理系统办理转账。会计分录为：

借：活期存款——长沙宏光有限责任公司　　　90 000

　　贷：汇出汇款　　　　　　　　　　　　　　90 000

3. 签发银行汇票

西湖支行签发一式四联银行汇票（见表 4－4－9），第一联卡片，第二联汇票联，第三联解讫通知，第四联多余款收账通知。

签发汇票时应注意：

（1）汇票申请人和收款人为单位，不得签发现金汇票。

（2）出票日期和金额必须大写。

（3）如申请书中注明不得转让事项，应在汇票备注中注明。

签发的汇票经复核人员确认无误后，按规定程序加编汇票密押后，加盖银行汇票专用章并由授权经办人签名后交申请人。

表 4－4－9

模拟银行 银 行 汇 票（卡片） 1　　B001566798

提示付款日期自出票日起壹个月

出票日期（大写）武零武壹年柒月壹日　　代理付款行：

收款人：武汉好家乐有限责任公司											
出票金额 人民币（大写）玖万元整　　¥90 000.00											
实际结算金额 人民币（大写）	亿	千	百	十	万	千	百	十	元	角	分

申请人：长沙宏光有限责任公司　　账号：1201061204201204

出票行：模拟银行西湖支行　　行号：1201

备注：货款

复核：　　经办：张 兰　　出纳：　　复核：　　经办：

表 4－4－10

模拟银行 银 行 汇 票　　2　　B001566798

提示付款日期自出票日起壹个月

出票日期（大写）武零武壹年柒月壹日　　代理付款行：

收款人：武汉好家乐有限责任公司											
出票金额 人民币（大写）玖万元整　　¥90 000.00											
实际结算金额 人民币（大写）	亿	千	百	十	万	千	百	十	元	角	分

申请人：长沙宏光有限责任公司　　账号：1201091101206004

出票行：模拟银行西湖支行　　行号：1201

（印章：模拟银行西湖支行 20190701 汇票专用章）

密押：30674501										经办：
多余金额										
千	百	十	万	千	百	十	元	角	分	

备注：货款　　出票行签章

凭票付款　　经办：张 兰　　复核：李一凡

4. 后续处理

出票经办行西湖支行把申请书的第一联盖转讫退交给申请单位做账，第二联本票交申请单位经办人员，第一联本票卡片联银行工作人员加盖公章、私章后专夹保管，并将出票信息录入相关清算系统，以待银行本票兑付时资金清算。

【实例操作】

【例 4－4－6】2021 年 7 月 2 日，模拟银行武汉支行收到非本行开户单位武汉好家乐有限责任公司（账号 20293899001）提交汇票和进账单兑付银行汇票，系模拟银行西湖支行开户单位长沙宏光有限责任公司（账号 1201061204201204）7 月 1 日签发，金额 90 000 元整，武汉建行第一支行经办人员按规定办理兑付业务。

【操作步骤】

1. 业务受理

持票人向银行经办人员描述其所需办理业务的类型，并向其出示：银行汇票 2－3 联。代理付款人填明模拟银行武汉支行，并根据银行汇票内容填写三联进账单同银行汇票 2－3 联交与银行操作人员。进账单上填明企业双方将要结算的金额，全额兑付的，在多余金额栏中填“－0－”，少于出票汇票金额的，在多余金额栏中填明余下的金额。

表 4－4－11

模拟银行 银 行 汇 票 2　　B001566798

提示付款日期自出票日起壹个月

出票日期（大写）贰零贰壹年柒月壹日

代理付款行：模拟银行武汉支行　（印章：建设银行第一支行 附件）

收款人：武汉好家乐有限责任公司											
出票金额 人民币（大写）玖万元整　¥90 000.00											
实际结算金额 人民币（大写）玖万元整	亿	千	百	十	万	千	百	十	元	角	分
				¥	9	0	0	0	0	0	0

申请人：长沙宏光有限责任公司　账号：1201091101206004

出票行：模拟银行西湖支行　行号：1201

备注：货款

凭票付款

出票行签章（印章：银行西湖支行 20190701 汇票专用章）

经办：张兰　复核：李一凡

密押：30674501　经办：周复天

多余金额									
千	百	十	万	千	百	十	元	角	分
					－	－	0	－	－

表 4－4－12

模拟银行 银 行 汇 票 3（解讫通知） B001566798												
提示付款日期自出票日起壹个月	出票日期（大写）贰零贰壹年柒月壹日	代理付款行：模拟银行武汉支行										
	收款人：武汉好家乐有限责任公司											
	出票金额 人民币（大写）玖万元整	¥90 000.00										
	实际结算金额 人民币（大写）玖万元整	亿	千	百	十	万	千	百	十	元	角	分
					¥	9	0	0	0	0	0	0
	申请人：长沙宏光有限责任公司 账号：1201061204201204											
	出票行：模拟银行西湖支行 行号：1201	密押：30674501										经办：周复天
		多余金额										李 双
	备注：货款	千	百	十	万	千	百	十	元	角	分	
	复核：李一凡 经办：张 兰						－	－	0	－	－	

建设银行第一支行 清讫

2. 业务审核

模拟银行武汉支行经办人员收到银行汇票 2－3 联和进账单后，认真审核如下内容：

表 4－4－13

银行进账单 2

2021 年 7 月 2 日

出票人	全称	长沙宏光有限责任公司		收款人	全称	武汉好家乐有限责任公司									
	账号	1201061204201204			账号	20293899001									
	开户银行	模拟银行西湖支行			开户银行	建设银行第一支行									
金额	人民币（大写）	玖万元整				百	十	万	千	百	十	元	角	分	
							¥	9	0	0	0	0	0	0	
票据种类		银行汇票	票据张数	2											
票据号码		B001566798													
经办：周复天			复核：李 双												

模拟银行武汉支行 20190702 转讫

（1）仔细核对汇票和进账单内容填写是否正确一致，有无涂改。

（2）汇票是否真实有效，银行经办员应复核密押是否正确。还应根据本行的银行汇票防伪特征，审核汇票是否银行规定的统一凭证。

（3）汇票必须记载的事项是否齐全，出票金额、实际结算金额、出票日期、收款人名称等是否更改，其他记载事项的更改是否由原记载人签章证明。

（4）出票行的签章是否符合规定，加盖的汇票专用章是否与印模相符。

（5）出票金额大小写是否一致。

（6）汇票的实际结算金额是否在出票金额以内，与进账单金额是否一致，多余金额结算是否正确。

（8）持票人是否在背面签章，背书转让汇票背书是否一致。

表 4－4－14

被背书人	被背书人
武汉好家乐有限责任公司 财务专用章　周明顺印 背书人签章 2021 年 7 月 2 日	背书人签章 年　　月　　日

3. 会计处理

代理付款行经办人员将审核无误的进账单第二联作贷方凭证（表 4－4－13），汇票第二联作附件（表 4－4－11），将相关信息录入业务处理系统办理转账。会计分录为：

借：清算资金往来　　　　　　　　　　　　90 000

　　贷：应解汇款——好家乐有限责任公司　　　　90 000

4. 交付回单和后续处理

模拟银行武汉支行经办人员把盖好章的第一联进账单（回单联）交给持票人。代理付款行模拟银行武汉支行解付汇票后，还将把资金转到武汉建设银行第一支行，由建设银行第一支行转入好家乐有限责任公司账户。

【实例操作】

【例 4－4－7】2021 年 7 月 3 日，模拟银行西湖支行经办人员收到武汉支行发来的汇票解讫信息，汇票系模拟银行西湖支行开户单位长沙宏光有限责任公司（账号 1201061204201204）7 月 1 日签发，金额 90 000 元，支付给武汉好家乐有限责任公司（账号 20293899001）的货款，模拟银行西湖支行经办人员按规定办理汇票结清业务。

【操作步骤】

1. 来账确认与凭证打印

出票行收到代理付款行通过行内系统或中国人民银行支付清算系统发来的付款信息，审核无误后打印资金汇划补充凭证。

表 4－4－15

模拟银行 资金汇划补充凭证

2021 年 7 月 3 日

发报日期：20210703　　业务种类：银行汇票

发报行行号：1301　　发报行名称：模拟银行武汉支行

收报行行号：1201　　收报行名称：模拟银行西湖支行

收款人账号：20293899001　　收款人名称：武汉好家乐有限责任公司

付款人账号：1201061204201204　　付款人名称：长沙宏光有限责任公司

货币种类：人民币　金额：90 000.00　　人民币：玖万元整

附言：货款

原汇票金额 90000.00　原汇票号码：B001566798　原出票日期：20210701

网点号：1201　交易码：6707　流水号：467098　柜员号：1210

授权：　复核：李百丽　记账：张 兰

模拟银行西湖支行
附件

2. 抽卡核对

模拟银行西湖支行经办人员根据打印的补充报单，抽出专夹保管的汇票卡片第一联和第四联，经核对确属本行签发，报单金额与实际结算金额都准确无误，多余金额无误。

表 4－4－16

模拟银行 银 行 汇 票（卡片）　1　　B001566798

提示付款日期自出票日起壹个月

出票日期（大写）贰零贰壹年柒月壹日

代理付款行：模拟银行武汉支行

收款人：武汉好家乐有限责任公司

出票金额 人民币（大写） 玖万元整　　¥90 000.00

实际结算金额 人民币（大写） 玖万元整

亿	千	百	十	万	千	百	十	元	角	分
			¥	9	0	0	0	0	0	0

申请人：长沙宏光有限责任公司　　账号：1201061204201204

出票行：模拟银行西湖支行　　行号：1201

备注：货款

复核：　经办：张 兰　　出纳：　复核：李百丽　经办：张 兰

湖支行
20190703
业务清讫

表 4－4－17

模拟银行 银 行 汇 票（多余款收账通知）　4　B001566798

提示付款日期自出票日起壹个月

出票日期（大写）贰零贰壹年柒月零壹日

代理付款行：模拟银行武汉支行

模拟银行高湖支行 附件

收款人：武汉好家乐有限责任公司	
出票金额 人民币（大写） 玖万元整	¥90 000.00

实际结算金额	亿	千	百	十	万	千	百	十	元	角	分
人民币（大写） 玖万元整				¥	9	0	0	0	0	0	0

申请人：长沙宏光有限责任公司　账号：1201061204201204

出票行：模拟银行西湖支行　行号：1201

备注：往来款

凭票付款

出票行签章

经办：张　兰　复核：李一凡

密押：30674501										经办：
多余金额										张　兰
千	百	十	万	千	百	十	元	角	分	复核：
					－	－	0	－	－	李百丽

3. 结清汇票

根据资金汇划凭证填上实际结算金额和代理付款银行名称，本汇票是全额付款，在第四联多余款收账通知的多余金额栏填写“—0—”，第一联汇票卡片作借方凭证（见表 4－4－11），资金汇划补充凭证和多余款收账通知作借方凭证附件，将相关信息录入业务处理系统办理转账。会计分录为：

借：汇出汇款　　90 000

　　贷：清算资金往来　　90 000

4. 汇票部分付款

如在汇票兑付时，汇票不是全额兑付，是部分兑付，多余款收账栏中金额不是零，是出票金额与实际结算金额的差额。则第四联多余款收账通知的多余金额栏填写多余的差额金额，第一联汇票卡片作借方凭证，资金汇划补充凭证和多余款收账通知作借方凭证附件，将相关信息录入业务处理系统办理转账。会计分录为：

借：汇出汇款　　汇票金额

　　贷：清算资金往来　　实际结算金额

　　　　活期存款——申请人户　　多余金额

5. 后续处理

出票行经办人员在相关记账凭证上加盖业务清讫章及经办人员名章，作为办理业务的凭证与其他凭证一起装订保管，将资金汇划补充凭证的一联加盖业务公章给申请结清单位，同时销记汇出汇款。

项目活动3 银行承兑汇票

【业务名称】

1. 为单位客户长沙宏光有限责任公司办理银行承兑汇票签发、托收、到期付款、款项划回业务

2. 银行承兑汇票托收处理

3. 银行承兑汇票到期付款处理

4. 银行承兑汇票款项划回处理

【实例操作1】

【例4-4-8】2021年7月11日，模拟银行西湖支行开户单位长沙宏光有限责任公司（账号1201061204201204）提交申请书申请签发银行承兑汇票1份并申请承兑，金额1 000 000元整，期限3个月，收款人模拟银行武汉支行开户单位武汉东湖有限责任公司（账号20293899001）。银行承兑汇票手续费为0.5‰。经办人员按规定为其办理承兑手续。

【操作步骤】

1. 资格审查与业务受理

客户向银行经办人员描述其所需办理业务的类型，并向其出示：银行承兑汇票申请书、单位购销合同。银行经办人员审查购销合同的真实性、有效性、合规合法性。

表4-4-18

<table>
<tr><td colspan="8">银行承兑汇票　2　　021561088</td></tr>
<tr><td colspan="8">出票日期（大写）贰零贰壹年柒月壹拾壹日</td></tr>
<tr><td rowspan="3">出票人</td><td>全称</td><td>长沙宏光有限责任公司</td><td rowspan="3">收款人</td><td>全称</td><td colspan="3">武汉东湖有限责任公司</td></tr>
<tr><td>账号</td><td>1201061204201204</td><td>账号</td><td colspan="3">20293899001</td></tr>
<tr><td>开户银行</td><td>模拟银行西湖支行</td><td>开户银行</td><td colspan="3">模拟银行武汉支行</td></tr>
<tr><td colspan="2">出票金额(人民币)
大写</td><td colspan="3">壹佰万元整</td><td colspan="3">亿 千 百 十 万 千 百 十 元 角 分
　 ¥ 1 0 0 0 0 0 0 0 0</td></tr>
<tr><td colspan="2">汇票到期日(大写)</td><td colspan="2">贰零贰壹年零壹拾月壹拾壹日</td><td rowspan="2">付款行</td><td>行号</td><td colspan="2">1201</td></tr>
<tr><td colspan="2">承兑协议编号</td><td colspan="2"></td><td>地址</td><td colspan="2">长沙市学友路98号</td></tr>
<tr><td colspan="3">本汇票请你行承兑，到期无条件付款。
财务专用章　温周印晓
出票人签章</td><td colspan="3">本汇票已经承兑，到期日由本行付款。
承兑行签章
承兑日期　年　月　日</td><td colspan="2">密押
复核　　记账</td></tr>
</table>

银行承兑汇票有一式三联，第一联卡片，由承兑行留存，到期支付时作借方付款依据；第二联汇票，由持票人开户行作托收款项的依据；第三联存根，由出票人存查。

2. 签订承兑协议

由出票人或持票人提示承兑，银行会计部门经办人员转交票据给银行授信部门，银行授信部门按照支付结算办法和有关规定审查出票人的资信状况，经审核同意后，与出票人签署银行承兑协议。

3. 会计部门凭证审核与汇票盖章

会计部门工作人员接到银行承兑汇票和承兑协议审核无误后，在第一、二联汇票是注明承兑协议编号，在第二联汇票“承兑人签章”处加盖汇票专用章并由授权经办人盖名章，按规定编密押（见表 4－4－19）。

表 4－4－19

银行承兑汇票　2　　021561088

出票日期（大写）贰零贰壹年柒月壹拾壹日

出票人	全　称	长沙宏光有限责任公司	收款人	全　称	武汉东湖有限责任公司
	账　号	1201061204201204		账　号	20293899001
	开户银行	模拟银行西湖支行		开户银行	模拟银行武汉支行
出票金额（人民币）大写	壹佰万元整		亿 千 百 十 万 千 百 十 元 角 分	¥ 1 0 0 0 0 0 0 0 0	
汇票到期日（大写）	贰零壹玖年零壹拾月壹拾壹日	付款行	行号	1201	
承兑协议编号	10234		地址	长沙市学友路 98 号	
本汇票请你行承兑，到期无条件付款。（财务专用章）（温周印晓）出票人签章	本汇票已经承兑，到期日由本行付款。（汇票专用章 20210711）承兑行签章　承兑日期　2021 年 7 月 11 日	密押　30982182　复核　李一凡　记账			
备注：					

4. 收取承兑手续费

承兑行会计部门经办人员按照承兑协议规定现出票人收取承兑手续费，将相关业务录入操作系统。会计分录为：

借：活期存款——长沙宏光有限责任公司　　500

　　贷：手续费收入　　500

表 4－4－20

模拟银行收费凭证

科目　　　　　　　　2021 年 7 月 11 日

项目	摘要	金额							
		十	万	千	百	十	元	角	分
银行承兑汇票	手续费				5	0	0	0	0
合计	（大写）伍佰元整			¥	5	0	0	0	0

会计主管　　　　复核　　　　经办 张兰

5. 后续处理

承兑经办人员将汇票的第二联交予出票人或持票人，承兑协议的一联和手续费凭证的一联交给出票人。同时根据第一联承兑汇票卡片填制承兑汇表外科目收入凭证（见表 4－4－21），登记表外科目登记簿。

收入：银行承兑汇票　　　　1 000 000

表 4－4－21

模拟银行表外科目收入传票

表外科目：银行承兑汇票　　　　2021年7月11日

户名或账号	摘要	金额									
		千	百	十	万	千	百	十	元	角	分
长沙宏光有限责任公司	021561088 银行承兑汇票		1	0	0	0	0	0	0	0	0
合计	（大写）伍佰元整	¥	1	0	0	0	0	0	0	0	0

会计主管　　　　复核　　　　经办 张兰

【实例操作 2】

【例 4－4－9】2021 年 10 月 11 日，模拟银行武汉支行开户单位武汉东湖有限责任公司（账号 20293899001）提交托收凭证和银行承兑汇票，金额 1 000 000 元整，申请办理托收，该汇票系模拟银行西湖支行开户单位长沙宏光有限责任公司（账号 1201061204201204）7 月

11 日提交申请书签发并承兑，期限 3 个月，经办人员按规定为其办理托收手续。

【操作步骤】

1. 业务受理与凭证审核

客户向银行经办人员描述其所需办理业务的类型，并向其出示：银行承兑汇票第 2 联和托收凭证。银行经办人员审核内容如下：

（1）仔细核对汇票和托收凭证内容填写是否正确一致，有无涂改。

（2）根据本行的银行汇票防伪特征，审核汇票是否真实有效，是否到期，复核密押是否正确。

（3）汇票必须记载的事项是否齐全，出票金额大小写相符，出票日期、收款人名称等是否更改，其他记载事项的更改是否由原记载人签章证明。

（4）出票行的签章是否符合规定，承兑行加盖的汇票专用章是否与印模相符，承兑日期是否符合要求。

（5）汇票金额与托收金额是否一致。托收凭证记载事项是否与汇票记载事项相符。

（6）持票人是否在背面签章，背书转让汇票背书是否一致，背书转让是否连续，签章是否符合规定。

表 4－4－22

托收凭证（受理回单）

2021年10月11日

业务类型	委托收款（□邮划　☑电划　托收承付（□邮划　□电划）					
付票人	全称	长沙宏光有限责任公司		收款人	全称	武汉东湖有限责任公司
	账号	1201061204201204			账号	20293899001
	地址	湖南长沙	开户行　模拟银行西湖支行		地址	湖北武汉　开户行　模拟银行武汉支行
金额	人民币（大写）	壹佰万元整				千 百 十 万 千 百 十 元 角 分 ¥ 1 0 0 0 0 0 0 0 0
款项内容	货款	托收凭证名称	银行承兑汇票		附寄单证张数	11 张
商品发运情况	商品已运发		合同名称号码			189093
备注 复核　记账 李灵双		款项收妥日期 年　月　日		收款人开户银行盖章 2021 年 10 月 11 日		

模拟银行西湖支行 20211011 业务公章

表 4 -4 -23

银行承兑汇票 2　　021561088

出票日期（大写）贰零贰壹年柒月壹拾壹日

出票人	全称	长沙宏光有限责任公司	收款人	全称	武汉东湖有限责任公司
	账号	1201061204201204		账号	20293899001
	开户银行	模拟银行西湖支行		开户银行	模拟银行武汉支行
出票金额(人民币) 大写		壹佰万元整	亿 千 百 十 万 千 百 十 元 角 分 ¥ 1 0 0 0 0 0 0 0 0		
汇票到期日(大写)		贰零贰壹年零壹拾月壹拾壹日	付款行	行号	1201
承兑协议编号		10234		地址	长沙市学友路98号
本汇票请你行承兑，到期无条件付款。 出票人签章		本汇票已经承兑，到期日由本行付款。 承兑行签章 承兑日期 2021 年 7 月 11 日	密押 30982182 复核　记账		
备注：			李一凡		

2. 发出托收

审查无误，收款行经办人员在托收凭证上加盖业务公章，在操作系统中发出托收记录。

【实例操作】

【例 4 -4 -10】2021 年 10 月 11 日，模拟银行西湖支行收到托收信息，信息内容为 7 月 11 日开户单位长沙宏光有限责任公司（账号 1201061204201204）签发银行承兑汇票并经本行承兑，金额 1 000 000 元整，期限 3 个月，收款人模拟银行武汉支行开户单位武汉东湖有限责任公司（账号 20293899001）。经办人员按规定为其办理手续。

【操作步骤】

1. 汇票查询与到期扣款

模拟银行西湖支行抽卡查询汇票第一联卡片联，核对所有信息是否一致，汇票是否到期。根据相关信息扣款。

2. 会计交易处理

信息核对一致后，经办人员根据托收信息从长沙宏光有限责任公司账户上扣款，将相关信息录入操作系统实现扣款，会计分录为：

借：活期存款——长沙宏光有限责任公司　　1 000 000

　　贷：清算资金往来　　1 000 000

同时编制表外科目凭证，销记表外科目登记簿。

付出：银行承兑汇票　　1 000 000

表 4－4－24

模拟银行表外科目付出传票

表外科目：银行承兑汇票　　　　2021 年　10 月　11 日

户名或账号	摘　要	金额									
		千	百	十	万	千	百	十	元	角	分
长沙宏光有限责任公司	021561088 银行承兑汇票		1	0	0	0	0	0	0	0	0
合计	（大写）壹佰万元整	¥	1	0	0	0	0	0	0	0	0

20211011　业务清讫

3. 出票人无力支付

如果银行承兑汇票到期时，出票人长沙宏光有限责任公司账户存款不足 100 万，无法支付此笔账项，应按规定将扣款转入该出票人的逾期贷款户，按逾期贷款罚息率收计利息。

在转账凭证上记载“XXX 号银行承兑汇票无款支付转入逾期贷款”，如账户余额不足，扣除账户上的全部款项，其余部分款项转逾期；如账户上无款，则全部款项转逾期。会计分录为：

借：逾期贷款——出票人户

　　贷：应解汇款——出票人户

借：应解汇款——出票人户

　　贷：活期存款——出票人户

【实例操作】

【例 4－4－11】2021 年 10 月 12 日，模拟银行武汉支行收到款项划回信息，系开户单位武汉东湖有限责任公司（账号 20293899001）提交托收凭证和银行承兑汇票，金额 1 000 000 元整，申请办理的汇票托收业务。该汇票系模拟银行西湖支行开户单位长沙宏光有限责任公司（账号 1201061204201204）7 月 11 日提交申请书签发并承兑，期限 3 个月的银行承兑汇票。经办人员按规定为其办理手续。

【操作步骤】

1. 来账确认与凭证审核

模拟银行武汉支行经办人员收到操作系统中款项划回信息，打印来账凭证。并将留存的第二联托收凭证抽出，认真核对信息。

2. 会计交易处理

银行经办人核对凭证无误，将来账凭证做贷方凭证，第二联托收凭证做附件，在操作系统中录入相关信息。会计分录为：

借：清算资金往来　　　　　　　　　　　　　　1 000 000

　　贷：活期存款——武汉东湖有限责任公司　　　　1 000 000

项目活动 4　商业承兑汇票

【业务名称】

为单位客户长沙宏光有限责任公司办理商业承兑汇票托收、到期付款、款项划回处理

【实例操作】

【例 4－4－12】2021 年 9 月 11 日，模拟银行西湖支行开户单位长沙宏光有限责任公司（账号 1201061204201204）提交托收凭证和商业承兑汇票，金额 2 000 000 元整，该商业承兑汇票系模拟银行武汉支行开户单位武汉东湖有限责任公司（账号 20293899001）2021 年 6 月 11 日签发并承兑。银行经办人员按规定为其办理托收手续。

表 4－4－25

商业承兑汇票　2　　　　03196118

出票日期（大写）贰零贰壹年陆月壹拾壹日

付款人	全称	武汉东湖有限责任公司	收款人	全称	长沙宏光有限责任公司
	账号	20293899001		账号	1201061204201204
	开户银行	模拟银行武汉支行		开户银行	模拟银行西湖支行
出票金额（人民币）大写		贰佰万元整		亿千百十万千百十元角分	¥200000000
汇票到期日（大写）		贰零壹玖年玖月壹拾壹日	付款行	行号	1309
交易合同号		2019081		地址	武汉市东湖区 98 号
本汇票已承兑，到期无条件付款。 财务专用章　林印　李晓 承兑人签章 承兑日期 2021 年 6 月 11 日			本汇票请予以承兑于到期日付款 财务专用章　林印　李晓 出票人签章		

注：商业承兑汇票交易双方按规定签发商业承兑汇票，商业承兑汇票一式三联：第一联承兑人留存；第二联承兑人承兑后，交收款人留存；第三联出票人留存。

表 4 –4 –26

托收凭证（贷方凭证）　　2

2021 年 9 月 11 日

<table>
<tr><td colspan="2">业务类型</td><td colspan="14">委托收款（□邮划　☑电划　托收承付（□邮划　□电划）</td></tr>
<tr><td rowspan="3">付票人</td><td>全称</td><td colspan="3">武汉东湖有限责任公司</td><td rowspan="3">收款人</td><td>全称</td><td colspan="9">长沙宏光有限责任公司</td></tr>
<tr><td>账号</td><td colspan="3">20293899001</td><td>账号</td><td colspan="9">1201061204201204</td></tr>
<tr><td>地址</td><td>湖北武汉</td><td>开户行</td><td>模拟银行武汉支行</td><td>地址</td><td>湖南长沙</td><td>开户行</td><td colspan="7">模拟银行西湖支行</td></tr>
<tr><td rowspan="2">金额</td><td rowspan="2">人民币（大写）</td><td colspan="4" rowspan="2">贰佰万元整</td><td>千</td><td>百</td><td>十</td><td>万</td><td>千</td><td>百</td><td>十</td><td>元</td><td>角</td><td>分</td></tr>
<tr><td>¥</td><td>2</td><td>0</td><td>0</td><td>0</td><td>0</td><td>0</td><td>0</td><td>0</td><td>0</td></tr>
<tr><td colspan="2">款项内容</td><td>货款</td><td>托收凭证名称</td><td colspan="2">商业承兑汇票</td><td colspan="5">附寄单证张数</td><td colspan="5">1</td></tr>
<tr><td colspan="2">商品发运情况</td><td colspan="2">商品已运发</td><td colspan="4">合同名称号码</td><td colspan="8">2019081</td></tr>
<tr><td colspan="3">收款人开户银行收到日期
年　月　日</td><td colspan="4">上列款项随附的有关债务证明，请予以办理。
收款人签章
财务专用章　林李印晓
2021 年 9 月 11 日</td><td colspan="9">收款人开户银行盖章
年　月　日</td></tr>
</table>

【操作步骤】

1. 业务受理与凭证审核

持票人向银行经办人员描述其报需办理业务的类型，并向其出示：商业承兑汇票和填制完整的托收凭证。

收款人开户行经办人员收到托收凭证和商业承兑汇票后，认真审核以下内容：

（1）仔细核对汇票和托收凭证内容填写是否正确一致，有无涂改。

（2）汇票是否真实有效，是否到期。还应根据本行的商业汇票防伪特征，审核汇票是否银行规定的统一凭证。

（3）汇票必须记载的事项是否齐全，出票金额大小写相符，出票日期、收款人名称等是否更改，其他记载事项的更改是否由原记载人签章证明。

（4）汇票金额与托收金额是否一致。托收凭证记载事项是否与汇票记载事项相符。

（5）持票人是否在背面签章，背书转让汇票背书是否一致，背书转让是否连续，签章是否符合规定。

2. 后续处理

银行经办人员在托收凭证第一联盖章后退交收款人，表示银行已授理该托收。然后经过操作系统发出托收到付款行，登记发出托收收款结算登记簿，保管好相关凭证。

【实例操作】

【例 4 –4 –13】2021 年 9 月 11 日，模拟银行武汉支行开户单位武汉东湖有限责任公司（账号 20293899001）办理一笔到期划款，金额 200 万元。该款系模拟银行西湖支行开户单位长沙宏光有限责任公司（账号 1201061204201204）提交托收凭证商业承兑汇票。原出票日期为 2021 年 6 月 11 日，银行经办人员按规定为其办理划款手续。

【操作步骤】

1. 收到托收凭证与凭证审核

付款人开户行经办人员接到持票人开户行的托收信息，应按规定认真审核：

（1）付款人是否在本行开户，是否属于本行受理的业务凭证。

（2）托收凭证是否加盖了收款行的结算章。

（3）承兑人在商业承兑汇票上的签章是否相符。

2. 通知客户

凭证审核无误，付款人确在本行开户，付款行经办人员即通知付款单位，告知付款事项，并将凭证回单交给付款单位。

3. 会计交易处理

付款行经办人员接到付款人的付款通知，或在付款人接到开户行的付款通知后3日内未通知付款的，按照支付结算办法规定的划款日期进行处理。

付款人银行账户有足额款项的，付款经办人员以第三联托收凭证作借方凭证，其他凭证做附件，将相关信息录入业务处理系统。会计分录为：

借：活期存款——武汉东湖有限责任公司　　　　2 000 000

　　贷：清算资金往来　　　　　　　　　　　　　2 000 000

4. 后续处理

付款行经办人员在相关记账凭证上加盖业务公章及经办人员名章，作为办理业务的凭证与其他凭证一起装订保管。

如付款人（承兑人）无能力支付，付款行经办人员应填制三联付款人未付票款通知书，在托收凭证上注明“付款人无款支付”字样，并留备查凭证。

如付款人（承兑人）拒绝支付，付款行在付款人接到通知的次日起3日内收到付款人拒绝付款理由书，在托收凭证上注明“拒绝付款”字样，并留备查凭证。

【实例操作】

【例4-4-14】2021年9月12日，模拟银行西湖支行收到金额200万元的贷报信息，系开户单位长沙宏光有限责任公司（账号1201061204201204）9月11日提交托收凭证商业承兑汇票的款项划回；该汇票为模拟银行武汉支行开户单位武汉东湖有限责任公司（账号20293899001）2021年6月11日签发的商业承兑汇票。银行经办人员按规定为其办理收款手续。

【操作步骤】

1. 来账确认与抽卡核对

收款人开户经办人员收到付款人开户行划来的款项，审核无误后打印资金汇划凭证，认真核对相关信息。

2. 会计交易处理

相关凭证核对无误后，确认是承兑汇票的款项划回，以资金汇划凭证作贷方传票，其他凭证作附件。会计分录为：

借：清算资金往来　　　　　　　　　　　2 000 000

　　贷：活期存款——长沙宏光有限公司　　　　　2 000 000

3. 后续处理

收款行经办人员在相关记账凭证上加盖业务公章及经办人员名章，作为办理业务的凭证与其他凭证一起装订保管。

【知识拓展】

银行承兑汇票背书托收业务

九江市立天建设有限公司购买了九江市盛业建材有限公司货物，货款为1 800 500元，九江市盛业建材有限公司与九江市立天建设有限公司商定以银行承兑汇票结算方式支付货款。2017 年 11 月 22 日，九江市立天建设有限公司按照要求到其开户行签发期限为 3 个月的银行承兑汇票；2017 年 12 月 1 日，九江市立天建设有限公司将经过银行承兑并签订承兑协议的银行承兑汇票交于九江市盛业建材有限公司，承兑手续费 5‰；2018 年 1 月 20 日，因资金短缺，九江市盛业建材有限公司将银行承兑汇票背书给九江市生态产业建设开发有限公司，九江市生态产业建设开发有限公司在汇票到期后委托自己的开户行收取款项，款项内容为货款，附寄张数一张，商品已运发，合同号为 11281104。

银行承兑汇票协议书

协议编号：CD000195

出票人全称：九江市立天建设有限公司　　　　收款人全称：九江市盛业建材有限公司

开户银行：中国农业银行九龙支行　　　　　　开户银行：中国银行武宁支行

账号：6222584588774457458　　　　　　　　账号：6222587514575555744

汇票号码：50 000201　　　　　　　　　　　汇票金额（大写）：壹佰捌拾万零伍佰元整

出票日期：2017－11－22　　　　　　　　　到期日期：2018－02－22

以上汇票经承兑，出票人愿意遵守《支付结算办法》的规定及下列条款：

一、出票人于汇票到期日前将应付票款足额交存承兑行。

二、承兑手续费按票面金额千分之 5 计算，在承兑时一次付清。

三、出票人与持票人如发生任何交易纠纷，均由其双方自行处理，票款于到期前仍按第一条办理不误 。

四、出票人有下列行为之一的，应在收到承兑行通知后 7 日内予以改正并采取令承兑行满意的补救措施，否则承兑行有权要求出票人提前交付足额票款或从出票人在承兑行的其他存款账户中扣划票款；

1. 向承兑行提供虚假财务报表及其他财务资料的；

2. 不配合或拒绝接受承兑行对其生产经营、财务活动进行监督的；

3. 其财产的重要部分或全部被其他债权人占有，或被指定受托人、接受人或类似人员接管，或者其财产被扣押或冻结，可能使承兑行债权遭受严重损失的；

4. 未经承兑行同意进行承包、租赁、股份制改造、联营、合并、兼并、合资、分立、减资、股权变动、转让等行动可能危及承兑行债权安全的；

5. 发生变更住所、通讯地址、营业范围、法定代表人等工商登记事项或对外发生重大投资等情况使承兑行债权实现受到严重影响或威胁的；

6. 涉及重大、经济纠纷或财务状况恶化等，使承兑行债权实现受到严重影响或威胁的；

7. 其他任何可能导致承兑行债权实现受到威胁或严重损失的。

五、承兑到期日，承兑行凭票无条件支付款项。如到期之前出票人不能足额交付票款，承兑行有权从保证金账户及出票人在承兑行所有存款账户上扣划。对扣划后仍不足支付部分的票款转作为出票人逾期贷款，按照有关规定计收利息，在承兑行垫付余额得到清偿前，不再对出票人办理新的承兑业务。

六、出票人付清承兑汇票票款后，本协议自动失效。

承兑行公章 

出票人公章： 

订立协议日期：__2017__年__12__月__1__日

银行承兑汇票 2 00108658 50000201

出票日期（大写） 贰零壹柒 年 壹拾壹 月 贰拾贰 日

出票人全称	九江市立天建设有限公司	收款人	全称	九江市盛业建材有限公司
出票人账号	6222584588774457458		账号	6222587514575555744
付款行全称	中国农业银行九龙支行		开户银行	中国银行武宁支行
出票金额	人民币（大写） 壹佰捌拾万零伍佰元整		亿千百十万千百十元角分	¥ 1 8 0 0 5 0 0 0 0
汇票到期日（大写）	贰零壹捌年零贰月贰拾贰日	付款人开户行	行号	902513562016
承兑协议编号	CD000195		地址	江西省九江市浔阳路105号
本汇票请你行承兑，到期无条件付款。 出票人签章		本汇票已经承兑，到期日由本行付款。 承兑行签章 承兑日期 2017年12月1日 备注：		密押 复核 记账

此联收款人开户行随托收凭证寄付款行作借方凭证附件

被背书人 九江市生态产业建设开发有限	被背书人
背书人签章 2018年1月20日	背书人签章 年 月 日

（贴粘单处）

托收凭证（受理回单） 1

委托日期 2018 年 2 月 22 日

业务类型	委托收款（□邮划、☑电划） 托收承付（□邮划、□电划）				
付款人 全称	九江市立天建设有限公司	收款人 全称	九江市生态产业建设开发有限公司		
付款人 账号	6222584588774457458	收款人 账号	6222587458963352452		
付款人 地址	江西 省 九江 市/县 开户行 中国农业银行九龙支行	收款人 地址	江西 省 九江 市/县 开户行 中国建设银行九江支行		
金额	人民币（大写） 壹佰捌拾万零伍佰元整	亿千百十万千百十元角分	¥ 1 8 0 0 5 0 0 0 0		
款项内容	贷款	托收凭据名称	银行承兑汇票	附寄单证张数	1
商品发运情况	商品已运发	合同名称号码	11281104		
备注： 复核 记账		款项收妥日期 年 月 日		收款人开户银行签章 年 月 日	

此联作收款人开户银行给收款人的受理回单

托收凭证（受理回单）

1

委托日期 2018年 2 月 22 日

业务类型	委托收款（□邮划、□电划）　托收承付（□邮划、☑电划）					
付款人	全称	九江市立天建设有限公司	收款人	全称	九江市生态产业建设开发有限公司	
	账号	6222584588774457458		账号	6222587458963352452	
	地址	江西省 九江 市县　开户行 中国农业银行九龙支行		地址	江西省 九江 市县　开户行 中国建设银行九江支行	
金额	人民币（大写）	壹佰捌拾万零伍佰元整		亿千百十万千百十元角分	¥ 1 8 0 0 5 0 0 0 0	
款项内容	贷款	托收凭据名称	银行承汇汇票	附寄单证张数	1	
商品发运情况	商品已运发		合同名称号码	11281104		
备注： 复核　记账	款项收妥日期 年　月　日		收款人开户银行签章 中国建设银行九江分行 业务公章 年　月　日			

此联作收款人开户银行给收款人的受理回单

10×17.5cm（白纸蓝油墨）

陈晨

被背书人 九江市生态产业建设开发有限	被背书人 中国建设银行九江支行
九江市建业建材有限公司 财务专用章　李大印 背书人签章 2018年1 月20日	委托收款 九江市生态产业建设开发有限公司 财务专用章　陶忠印 背书人签章 2018年2 月22日

（贴粘单处）

模块四　活动练习题

一、单项选择题

1. 转账支票转账业务一般是（　　）业务。

A. 同城　　B. 异地

C. 同城或异地　　D. 同行

2. 转账支票一定要和（　　）配套填写，银行才能处理转账业务。

A. 承兑汇票　　B. 委托收款凭证

C. 进账单　　D. 现金支票

3. 银行本票在同一票据交换区域内使用，适用于（　　）各种款项结算。

A. 单位和个人　　B. 单位

C. 个人　　D. 储户

4. 银行本票可以背书转让，填明（　　）字样的银行本票不能背书转让。

A. 转账　　B. 现金

C. 小额　　D. 大额

5. 银行汇票有四联，第四联是（　　）。

A. 卡片联　　B. 汇票联

C. 记账凭证　　D. 多余款通知联

6. 2 月 28 日签发的银行汇票，付款到期日为（　　）。

A. 3 月 28　　B. 4 月 28 日

C. 3 月 31 日　　D. 4 月 30 日

7. 商业汇票包括（　　）。

A. 银行承兑汇票和银行汇票　　B. 银行承兑汇票和银行本票

C. 商业承兑汇票和银行承兑汇票　　D. 商业承兑汇票和银行汇票

8. 银行承兑汇票是（　　）承诺兑付的票据。

A. 持票人　　B. 收款人

C. 出票银行　　D. 兑付银行

9. 商业承兑汇票是（　　）承诺兑付的票据。

A. 出票银行　　B. 收款人

C. 付款人　　D. 兑付银行

10. 银行承兑汇票的最长付款期限为（　　）。

A. 1 个月　　B. 3 个月

C. 6 个月　　D. 1 年

11. 出票行与代理付款行结清银行汇票款时，审核无误后，必须按（　　）金额给代理付款行付款。

A. 票面金额　　B. 实际结算金额

C. 多余款项　　D. 结算金额

12. 商业汇票的付款人为（　　）。

A. 承兑人　　B. 出票人　　C. 银行　　D. 不知道

二、综合题

1. 2021 年 6 月 2 日模拟银行西湖支行客户东诚有限责任公司向模拟银行西湖支行提交中晨公司（西湖支行开户，结算账户 12530045）签发的转账支票，并要填写进账单，金额 40 000 元转账给东诚有限责任公司（结算账号 125300987）。填写下列凭证并做分录。

模拟银行转账支票

<table>
<tr><td colspan="2">出票日期（大写）
收款人：</td><td colspan="10">付款行名称：
出票人账号：</td></tr>
<tr><td rowspan="2">人民币（大写）：</td><td rowspan="2"></td><td>千</td><td>百</td><td>十</td><td>万</td><td>千</td><td>百</td><td>十</td><td>元</td><td>角</td><td>分</td></tr>
<tr><td></td><td></td><td></td><td></td><td></td><td></td><td></td><td></td><td></td><td></td></tr>
<tr><td colspan="2">用途：
上列款项请从
我账户内支付
出票人签章</td><td colspan="10">密码

复核：　　记账：</td></tr>
</table>

模拟银行进账单（回单）

日期：　　年　　月　　日

<table>
<tr><td rowspan="3">付款人</td><td>全　称</td><td colspan="2"></td><td rowspan="3">收款人</td><td>全　称</td><td colspan="10"></td></tr>
<tr><td>账　号</td><td colspan="2"></td><td>账　号</td><td colspan="10"></td></tr>
<tr><td>开户银行</td><td colspan="2"></td><td>开户银行</td><td colspan="10"></td></tr>
<tr><td rowspan="2">金额</td><td rowspan="2">人民币
大写）</td><td colspan="4" rowspan="2"></td><td>千</td><td>百</td><td>十</td><td>万</td><td>千</td><td>百</td><td>十</td><td>元</td><td>角</td><td>分</td></tr>
<tr><td></td><td></td><td></td><td></td><td></td><td></td><td></td><td></td><td></td><td></td></tr>
<tr><td colspan="2">票据种类</td><td></td><td>票据张数</td><td colspan="2"></td><td colspan="10" rowspan="3">汇出行盖章
年月日</td></tr>
<tr><td colspan="3">票据号码</td><td colspan="3"></td></tr>
<tr><td colspan="6">单位主管：　　会计：　　复核：　　记账：</td></tr>
</table>

2. 2021 年 7 月 10 日，模拟银行西湖支行开户单位长沙中信有限责任公司提交申请书申请签发银行本票，金额 100 000 元，系支付给市建设银行韶山路支行开户单位长沙顺发有限公司的货款。请完成本业务的签发、兑付、结清业务会计处理。

3. 2021 年 7 月 10 日，模拟银行西湖支行开户单位长沙中信有限责任公司（账号 1201091101206009）提交申请书申请签发银行汇票，金额 300 000 元，系支付给模拟银行上海支行开户单位长诚有限公司（账号 10110909967001）的货款。请做签发会计处理。

4. 2021 年 7 月 11 日，持票人到模拟银行上海支行申请兑付开户单位长诚有限公司货款的汇票。汇票系模拟银行西湖支行开户单位长沙中信有限责任公司签发，金额 300 000 元，申请兑付金额为 290 000 元。填写汇票第二联和进账单，并做汇票兑付会计处理。

表 4－4－25

模拟银行 银 行 汇 票 2　　B001666747

提示付款日期自出票日起壹个月

出票日期（大写）贰零贰壹年柒月零壹拾日　　代理付款行：

收款人：长诚有限公司	
出票金额 人民币（大写）叁拾万元整	¥300 000.00
实际结算金额 人民币（大写）	亿 千 百 十 万 千 百 十 元 角 分

申请人：长沙中信有限责任公司　　账号：1201091101206009

出票行：模拟银行西湖支行　　行号：1201

备注：货款

凭票付款

出票行签章

模拟银行西湖支行 20210710 汇票专用章

密押：30674501										经办：
多余金额										
千	百	十	万	千	百	十	元	角	分	

经办：张兰　　复核：李一凡

表 4－4－26

银行进账单 2

年　月　日

出票人	全称		收款人	全称										
	账号			账号										
	开户银行			开户银行										
金额	人民币（大写）					百	十	万	千	百	十	元	角	分
票据种类		票据张数												
票据号码														
				经办：					复核：					

5. 2021 年 7 月 12 日，模拟银行西湖支行收到上海支行的汇票兑付信息，系 7 月 10 日开户单位长沙中信有限责任公司申请签发的银行汇票，金额 300 000 元，支付给模拟银行上海支行开户单位长诚有限公司的货款，兑付金额 290 000 元，请做结清行的会计处理。

6. 2021 年 8 月 10 日，模拟银行西湖支行开户单位长沙中信有限责任公司提交申请书申请签发银行承兑汇票签发并由本行承兑，期限 3 个月，金额 200 000 元，手续费 0. 5‰，系支付给上海市建设银行韶山路支行开户单位顺发有限公司的货款。请填写银行承兑汇票，并完成本业务各银行操作流程步骤，写出各流程步骤的会计处理。

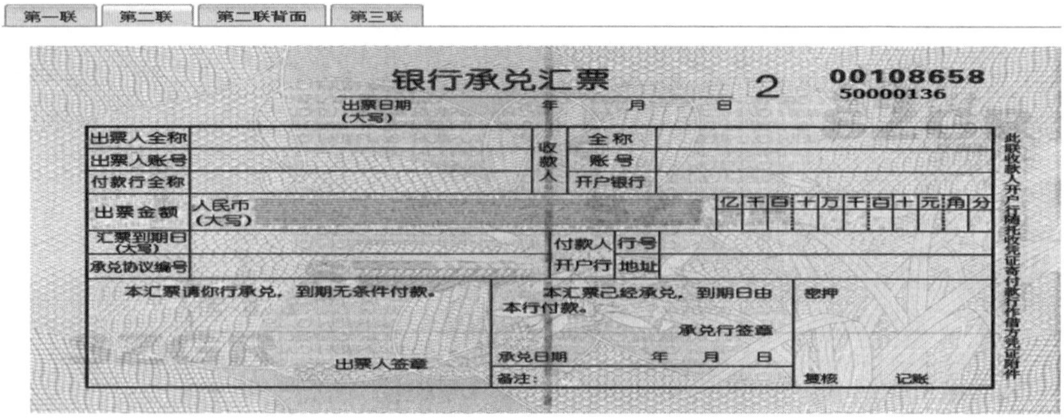
第一联 第二联 第二联背面 第三联

银行承兑汇票 2 00108658 50000136

出票日期（大写） 年 月 日

出票人全称		收款人	全称	
出票人账号			账号	
付款行全称			开户银行	
出票金额	人民币（大写）		亿 千 百 十 万 千 百 十 元 角 分	
汇票到期日（大写）		付款人	行号	
承兑协议编号		开户行	地址	

本汇票请你行承兑，到期无条件付款。

出票人签章

本汇票已经承兑，到期日由本行付款。

承兑行签章

承兑日期 年 月 日

备注：

密押

复核 记账

此联收款人开户行随托收凭证寄付款行作借方凭证附件

7. 2021 年 9 月 10 日，模拟银行西湖支行开户单位长沙中信有限责任公司提交申请书申请签发商业承兑汇票签发并承兑，期限 6 个月，金额 500 000 元，系支付给上海市建设银行韶山路支行开户单位顺发有限公司的货款。请完成本业务各操作流程步骤，并写出各流程步骤的会计处理。

项目五

单位贷款和贴现业务处理

【学习目标】

贷款和票据贴现业务凭证的填制方法和审核要领及相关规定。

◆

贷款业务的种类、票据贴现业务的基本规定。

◆

能够熟悉单位贷款业务的活动流程、处理程序以及利息计算方法。

◆

能够熟悉票据贴现业务活动流程、处理程序以及贴现利息的计算。

模块一　单位抵押贷款业务处理

相关业务基础知识

一、贷款概念及分类

贷款，也称放款，是指商业银行将其所吸收的资金，按一定的利率贷给客户，并约定一定期限归还贷款本息的经济行为。贷款是银行的主要资产业务之一，是银行资金运用的主要途径，也是银行取得利息收入形成利润的重要渠道。各银行的中间业务和其他业务的比重正在上升，但贷款业务仍然是商业银行的核心业务。

根据《贷款通则》，不同的划分标准可以将贷款分为不同的种类。按贷款的保障条件划分，银行贷款可以分为信用贷款、担保贷款和票据贴现。信用贷款，指以借款人的信誉发放的贷款，即银行完全凭客户的信誉而无须提供抵押物或第三者保证而发放的贷款，该类贷款风险大，所以利息高。担保贷款，指客户有一定的财产或信用作还款保证的贷款。这类贷款风险小，但手续复杂，且有评估、保管等费用，贷款成本较高。票据贴现，是贷款的一种特殊形式。是银行应客户的要求，以现款或活期存款买进客户持有的未到期的商业票据的方式发放的贷款。

担保贷款中按担保方式划分又可以分为保证贷款、抵押贷款和质押贷款。保证贷款是指按《担保法》规定的保证方式，以第三者承诺在借款人不能偿还贷款时，按约定承担一般保证责任或者连带责任而发放的贷款。抵押贷款，指按《担保法》规定的抵押方式以借款人或第三者的财产作为抵押发放的贷款；质押贷款是指按《担保法》规定的质押方式以借款人或第三者的动产或权利作为质物发放的贷款。

贷款按期限可分为短期贷款、中期贷款和长期贷款，短期贷款一般期限为一年（含）以下的贷款，中期贷款期限一般为一年到三年（含），长期贷款期限为三年以上的贷款。

二、银行贷款业务会计科目设置

在银行贷款中，贷款的审批权由银行信贷部门负责，贷款的发放和收回具体由会计部门负责。

贷款业务的核算要求做到：坚持国家信贷政策和信贷原则，加强期限管理，监督贷款的使用和归还；正确核算贷款本息。

（一）“贷款”账户

属资产类账户，用于核算商业银行按规定发放的各种客户贷款。本账户可按贷款类别、客户，分别“本金”“利息调整”“已减值”等进行明细核算。本账户期末借方余额，反映商业银行按规定发放尚未收回贷款的摊余成本。

（二）“贷款损失准备”账户

属资产类账户，用于核算商业银行贷款的减值准备。账户可按计提减值准备的资产类别进行明细核算。本账户期末贷方余额，反映商业银行已计提但尚未转销的贷款损失准备。

（三）“应收利息”账户

属资产类账户，用于核算商业银行交易性金融资产、持有至到期投资、可供出售金融资产、发放贷款、存放中央银行款项、拆出资金、买入返售金融资产等应收的利息。本账户可按借款人或被投资单位进行明细核算。本账户期末借方余额，反映商业银行尚未收回的利息。

（四）“利息收入”账户

属损益类账户，用于核算商业银行确认的利息收入。本账户可按业务类别进行明细核算。期末，应将本账户余额转入“本年利润”账户，结转后账户无余额。

（五）“资产减值损失”账户

属损益类账户，用于核算商业银行计提各项资产减值准备所形成的损失。本账户可按资产减值损失的项目进行明细核算。期末，应将本账户余额转入“本年利润”账户，结转后本账户无余额。

（六）“抵债资产”账户

属资产类账户。本账户核算商业银行依法取得并准备按照有关规定进行处置的实物抵债资产的成本。本账户可按抵债资产类别及借款人进行明细核算。本账户期末借方余额，反映商业银行取得的尚未处置的实物抵债资产的成本。

（七）“贴现”资产账户

属资产类账户。本账户核算商业银行办理商业票据的贴现、转贴现等业务所融出的资金。本账户可按贴现类别和贴现申请人进行明细核算。本账户期末借方余额，反映商业银行办理贴现、转贴现等业务融出的资金。

三、信用贷款的核算

信用贷款是商业银行根据借款单位的信誉而发放的不需要提供担保的一种贷款。商业银行是否向客户采用信用方式发放贷款，需根据借款人的信用等级进行综合考评。

信用贷款的核算包括发放贷款、贷款偿还、贷款利息、展期、逾期的核算。

（一）信用贷款发放贷款的核算

凭证包括申请书、借据（三联或四联）、借款合同，贷款转入存款户的处理。会计分录：

借：信用贷款——借款人户

　　贷：活期存款——借款人户

（二）贷款归还的核算

贷款到期，由借款单位主动还款，或银行主动扣收。收回贷款时，应按客户归还的金额做会计分录：

借：活期存款——借款人户

　　贷：应收利息

　　　　信用贷款——借款人户

（三）贷款利息核算

1. 利随本清

利随本清是银行按借款合同约定的期限，于贷款归还时收取利息的一种方法。利随本清计息法对于贷款天数的计算，采用对年按360天，对月按30天，不满月的零头天数按实际天数计算，算头不算尾。

贷款发生逾期，逾期部分应先按合同约定的利率和期限计收到期贷款利息，其次逾期金额应自动转入逾期贷款账户之日起，改按规定的比例（在借款合同载明的贷款利率上浮30% -50%）计收罚息。

2. 定期结息

根据权责发生制，各种贷款应按规定的结息日期结息，按季收息的，以3、6、9、12月的20日为结息日，按年收息的，以12月的20日为结息日。贷款均采用按季结息的方法，即规定每季末月20日为结息日，每年计息四次，计息为上季末月的21日至本季末月20日止。

将计算的各贷款户利息，编制一式三联贷款利息清单，第一联作转账贷方传票，第二联作转账借方传票，第三联作回单交借款人，同时汇总编制应收利息科目传票办理转账。

计提利息的会计分录：

借：应收利息——借款人户

　　贷：利息收入——借款人户

银行按季计算贷款的应收利息，贷款利息当期实际收到时计入当期损益，则计收利息的会计分录为：

借：活期存款——借款人户

　　贷：利息收入——贷款利息收入户

如其账户资金不足，不足部分列入应收利息。其会计分录为：

借：应收利息

　　贷：利息收入——贷款利息收入户

（四）贷款展期的处理

未到期前先申请—信贷部门批准—会计部门保管，展期期限按以下规定执行：

短期贷款不得超过原贷款期限；中期贷款不得超过原贷款期限的一半；长期贷款不得超过3年；贷款展期只限一次。展期时不进行账务处理。展期后按未到期的正常贷款处理。

（五）逾期贷款

逾期贷款系指借款人超过借款合同规定的期限未能偿还的贷款。包括三种：未办理展期的超过借据规定的偿还期限的贷款；超过贷款展期未能偿还的贷款和借据上规定有分期偿还的贷款未按分期的期限偿还的贷款。

1. 贷款逾期时的处理

根据原借据，分别编制特种转账借方传票和特种转账贷方传票，办理转账。

借：逾期贷款——借款人户

　　贷：信用贷款——借款人户

计提到期贷款正常期间产生的利息。

借：应收利息——借款人利息户

　　贷：利息收入——借款人利息户

2. 贷款逾期后的处理

等借款单位存款账户有款支付时，应主动一次或分次扣收，除按规定的利率计息外，还按实际逾期天数计收罚息。

会计分录如下：

借：活期存款——借款人

　　贷：逾期贷款——借款人户

　　　　应收利息——借款人贷款利息户（贷款正常期间应收的利息）

　　　　利息收入——借款人贷款利息户

项目活动1　贷款发放

【业务名称】

为单位客户世纪联华商场发放信用贷款业务

【实例操作】

例【5－1－1】2021年8月1日，单位世纪联华商场（账号：00120012002758）向模拟银行西湖支行申请流动资金贷款200 000元整，期限3个月，月利率4.35‰，模拟银行审核无误后予以办理。贷款账号为001121102005601。

【操作步骤】

1. 业务受理

借款人申请贷款时，首先向银行信贷部门提交贷款申请书，经银行信贷部门审核批准后，双方商定贷款的额度、期限、用途、利率等，并签订借款合同或协议。借款合同一经签订，即具有法律效力，银行和借款人必须共同履行。

借款合同签订后，借款人需要用款时，应填写一式五联借款借据。按借款合同规定发放贷款，借款人应填写一式五联的借款凭证（见表5－1－1）。第一联备查联，由银行信贷部门留存，第二联为贷款正本，第三联为贷方传票，代存款科目转账贷方传票；第四联到期检查卡，银行作放款到期检查卡；第五联回单，给借款单位的收账通知。在第一、二联上加盖借款人预留银行印鉴后送交信贷部门审查。信贷部门审查签章后，在信贷操作系统中录入贷款发放的相关信息，第一联借据留存，其余四联送会计部门。

2. 凭证审核

银行会计经办人员接到借款单位凭证后，应认真审查以下内容：借款凭证中有无信贷部门审批意见；各项内容填写是否正确完整；大小写金额是否一致；借款凭证上加盖的印鉴与预留银行印鉴是否一致。

3. 贷款发放的交易处理

审查凭证无误后，经办人员以借款凭证第二联作转账借方传票，第三联作转账贷方传票，将相关业务信息录入操作系统办理转账会计分录为：

借：信用贷款——世纪联华商场　　　　200 000

　　贷：活期存款——世纪联华　　　　　　200 000

表 5－1－1

模拟银行　借款凭证（借据）2

信银贷字第 08007 号　　2021 年 08 月 01 日

<table>
<tr><td>借款人全称</td><td colspan="3">世纪华联商场</td><td>贷款户账</td><td colspan="10">001121102005601</td></tr>
<tr><td>贷款种类</td><td>短期借款</td><td>月利率</td><td>4.35‰</td><td>存款户账号</td><td colspan="10">001200102002758</td></tr>
<tr><td rowspan="2">贷款金额</td><td colspan="4" rowspan="2">人民币（大写）　贰拾万元整</td><td>千</td><td>百</td><td>十</td><td>万</td><td>千</td><td>百</td><td>十</td><td>元</td><td>角</td><td>分</td></tr>
<tr><td></td><td>¥</td><td>2</td><td>0</td><td>0</td><td>0</td><td>0</td><td>0</td><td>0</td><td>0</td></tr>
<tr><td>借款原因或用途</td><td colspan="2">流动资金贷款</td><td colspan="2">约定还款日期</td><td colspan="10">2021 年 11 月 1 日</td></tr>
<tr><td colspan="3">根据你行贷款方法，借到上列贷款，特立借据查存。</td><td colspan="12">信贷部门审批意见：
会计分录：
（借）______</td></tr>
</table>

银行作贷款账户转账借方传票

4. 回单交付

第五联凭证上加盖业务清讫章交由借款人，通知客户贷款入账。

5. 后续处理

会计经办人员在借款凭证第二联和第三联上分别加盖业务清讫章和经办人员名章

后作为办理业务的凭证与其他凭证一并保管。借款凭证第四联按贷款到期日与其他贷款业务凭证按先后顺序排列，专门保管，会计部门对保管的凭证，应每月与各科目分户账进行核对，查看到期日期，并保证账据相符。

项目活动2　贷款收回

【业务名称】

为单位客户世纪华联商场收回信用贷款业务

【实例操作】

例【5－1－2】2021 年 11 月 1 日，世纪华联商场（账号：00120012002758）提交还款凭证归还 2021 年 8 月 1 日申请的 3 个月流动资金贷款 200 000 元整，利率 4. 35‰。审核无误立即处理，贷款账号为 001121102005601。

【实例操作】

1. 业务受理

借款人归还贷款时应填写一式四联还贷凭证（或填写支票和进账单）。还款凭证第一联为回单，第二联是借方传票，第三联是贷方传票，第四联是卡片。借款单位应在第二联还贷凭证上加盖预留银行印鉴后提交银行（见表 5－1－2）。

2. 凭证审核

银行会计经办人员收到一式四联还款凭证后，应抽出原专夹保管的资款借据第四联到期卡进行核对，核对无误后还应认真审查：贷款归还是否经信贷部门审查同意，还贷凭证各项内容填写是否完整、正确；凭证上加盖的印鉴与预留银行印鉴是否一致；存款账户是否足够支付等。

表 5－1－2

模拟银行 还贷凭证

还贷日期 2021 年 11 月 1 日 编号： 202108

还款人	世纪联华商场	借款人	世纪联华商场
存款户账号	001200102002758	贷款户账号	001121102005601
开户银行	模拟银行西湖支行	开户银行	模拟银行西湖支行
收贷金额（本金）	币种（大写）贰拾万元整		千百十万千百十元角分 ¥ 2 0 0 0 0 0 0 0
收回 2021 年 8 月 1 日发放，2021 年 11 月 1 日期的贷款，该笔贷款尚欠本金（大写）零 元。 记账 张 兰 复核		备注： 还款人签章	

西湖支行 20181101 转讫

第二联 作银行借方凭证

3. 收回贷款交易处理

经审查无误，如借款人全额归还贷款，会计经办人员以还贷凭证第二联作借方传票，第三联还贷凭证作贷方传票，原专夹保管的第四联借据到期长作贷方传票附件，将相关信息录入操作系统办理会计分录为：

借：活期存款——世纪联华商场　　　　202 668

　　贷：短期贷款——世纪联华商场　　　　200 000

　　　　应收利息　　　　　　　　　　　　2 668

若是分次归还，除按上述处理手续办理外，还应在原第四联借款凭证的“分次偿还记录”栏登记本次偿还金额，结出尚欠贷款余额，并继续留存保管，待最后贷款还清时再作贷方传票的附件。

4. 回单交付

上述处理完成后，经办人员在还贷凭证第一联上加盖业务清讫章，作为回单交给还贷人。

5. 后续处理

还贷凭证第二联和第三联上加盖业务清讫章和经办人员名章后作为办理业务的凭证与其他凭证一并装订保管。第四联还贷凭证则交由信贷部门保管。

项目活动3　贷款利息计算

【业务名称】

为单位信贷客户办理定期结息或利随本清的利息计算业务

【实例操作】

例【5－1－3】2021年8月1日，模拟银行西湖支行向开户单位世纪华联商场发放一笔短期借款，金额为200 000元整，期限为3个月，利率为4.35‰，借据编号为08007，该企业账户有足额金额偿还贷款本息。请以定期结息和利随本清两种方式结算利息。

【操作方法】

1. 定期结息

（1）计算利息

2021年9月20日应计利息：

200 000×51×4.35‰÷30＝1 479

2021年11月1日应计利息：

200 000×41×4.35‰÷30＝1 189

该笔贷款总计利息：1 479＋1 189＝2 668

（2）账务处理、凭证打印签章

2021年8月1日记账如下：

借：短期贷款——世纪联华商场　　　　200 000

　　贷：活期存款——世纪联华商场　　　　200 000

2021年9月21日营业结束时，系统自动结计利息，21日早晨营业一开始，从客户的活期存款账户中收取利息，并编制特种转账借、贷方传票或贷款利息清单，如表所示。会计分录为：

借：应收利息　　　　1 479

　　贷：利息收入　　　　1 479

2021年11月1日记账如下：

借：活期存款——世纪华联商场　　　　202 268

　　贷：短期贷款——世纪华联商场　　　　200 000

　　　　应收利息　　　　1 479

　　　　利息收入　　　　1 189

表 5－1－3

模拟银行 存（贷）利息传票

币种：人民币　　　　　　2021 年　9 月　21 日

户　名	世纪联华商场	贷方	户　名	利息收入	
账　号	001200102002758		账　号	501000050003673	
实收（付）金额	¥1 479.00		计息户账号	001121102005601	
借据编号	05007		借据序号	0032	
备注	起息日期	止息日期	积数	利率	利息
	2021.8.1	2021.9.20	200000	4.35‰	¥1 479.00
	利息调整：			冲正利息：	
应收（付）利息合计：人民币壹仟肆佰柒拾玖元整					

第一联　借方凭证

事后监督：　　会计主管：　　授权：　　复核：　　经办：张兰

（3）后续处理

银行经办人员在相关凭证上分别加盖业务清讫章和经办人员名章后作为办理业务的凭证与其他凭证一起装订保管。

2. 利随本清

（1）计算利息。

贷款利息＝本金×存期×利率＝200 000×92×4.35‰÷30＝2 668（元）

（2）账务处理如前所述。

（3）凭证打印、后续处理如表。

表 5－1－4

模拟银行 存（贷）利息传票

币种：人民币　　　2021 年　11 月　1 日

借方	户　名	世纪联华商场	贷方	户　名	利息收入	
	账　号	001200102002758		账　号	501000050003673	
实收（付）金额		¥1 479.00		计息户账号	001121102005601	
备注	起息日期	止息日期	积数	利率	利息	
	2021. 8. 1	2021. 11. 1	200000	4. 35‰	¥2 668.00	
	利息调整：				冲正利息：	
应收（付）利息合计：人民币壹仟肆佰柒拾玖元整						

第一联　借方凭证

事后监督：　　会计主管：　　授权：　　复核：　　经办：张兰

模块一　活动练习题

一、单项选择题

1. 贷款是商业银行的（　　）。

A. 负债　　B. 所有者权益

C. 收入　　D. 资产

2. 担保贷款中按担保方式划分又可以分为保证贷款、抵押贷款和（　　）。

A. 质押贷款　　B. 流动资金贷款

C. 信用贷款　　D. 短期贷款

3. “利息收入”科目为（　　）科目。

A. 资产类　　B. 负债类

C. 所有者权益　　D. 费用

4. 贷款定期结息的日期为（　　）。

A. 每季末月的 20 日　　B. 每月的 20 日

C. 每季末　　D. 每月末

5. 中期贷款展期期限不得超过原期限的（　　）。

A. 三分之一　　B. 四分之一

C. 一半　　D. 三分之二

二、综合题

1. 2021 年 3 月 1 日，模拟银行西湖支行向开户单位世纪华联商场发放一笔短期借款，金额为 180 000 元整，期限为 6 个月，利率为 4. 35‰，到期日该企业账户有足额金额偿还贷款本息。请以利随本清方式结算利息并写分录。

2. 2021 年 3 月 10 日，工行某支行向开户机械厂发放 6 个月期限的信用贷款 1 000 000 元整，利率 5. 4%，9 月 10 日按期收回本息。

3. 2021 年 3 月 1 日，模拟银行西湖支行向开户单位世纪华联商场发放一笔借款，金额为 500 000 元整，期限为 3 年，利率为 4. 35‰，请以定期结息方式结算利息并写分录。

4. 2021 年 5 月 8 日，向东方百货商场发放信用贷款 30 万元，期限 1 年，利率 6. 3%；贷款到期，借款人的存款账上只能划出 200 000 元整，剩余部分延迟 25 天还清（逾期本息按每日万分三计息）。请按规定从贷款日开始做出各期分录。

模块二　单位票据贴现业务处理

相关业务基础知识

一、票据贴现业务概述

票据贴现是商业汇票的持票人在票据到期前，为取得资金，向银行贴付利息而将票据转让给银行，以此融通资金的行为。通过票据贴现，持票人可提前收回垫支于商业信用的资金，贴现银行通过买入未到期票据的债权，使商业信用转化为银行信用。除另有规定外，商业汇票的贴现银行必须是贴现申请人的开户银行。

贴现贷款与一般贷款虽然都是商业银行的资产业务，是借款人的融资方式，商业银行都要计收利息，但两者在以下方面存在着明显的区别：首先，资金投放的对象不同。贴现贷款以持票人（债权人）为放款对象；一般贷款以借款人（债务人）为对象。其次，体现的信用关系不同。贴现贷款体现的是银行与持票人、出票人、承兑人及背书人之间的信用关系；一般贷款体现的是银行与借款人、担保人之间的信用关系。再次，计息的时间不同。贴现贷款在放款时就扣收利息；一般贷款则是到期或定期计收利息。最后，资金的流动性不同。贴现贷款可以通过转贴现和再贴现提前收回资金；一般贷款只有到期才能收回。

（一）贴现业务核算要求

1. 合法的商业汇票才能办理贴现。
2. 贴现只能由持票人到其开户银行办理。
3. 商业汇票的持票人向银行办理贴现必须具备一定的条件（开户、真实交易等）。

（二）会计科目一贴现

商业银行办理票据贴现业务，通过“贴现”等科目进行核算。

“贴现”科目该为资产类科目，核算银行办理商业票据的贴现、转贴现等业务所融出的资金。银行买入的即期外币票据，也通过本科目核算。该科目可按贴现类别和贴现申请人进行明细核算。

1. 商业银行办理贴现时，按贴现票面金额，借记“贴现”科目（面值），按实际支付的金额，贷记“存放中央银行款项”“活期存款”等科目，按其差额，贷记“利息收入”（如带息票据，有“贴现——利息调整”科目）。

会计分录为：

借：贴现——商业承兑或银行承兑汇票申请人户

　　贷：活期存款——申请人户

　　　　利息收入——商业承兑或银行承兑汇票申请人户

　　收入：有价单证——买入票据业务

2. 对于到期的贴现票据，银行应及时收回票款。按实际收到的金额，借记“存放中央银行款项”“活期存款”等科目，按贴现的票面金额，贷记“贴现——票据贴现”科目（面值），按其差额，贷记“利息收入”科目。存在利息调整金额的，也应同时结转。会计分录为：

借：存放中央银行款（或单位或个人活期存款）——申请人户

　　贷：贴现——票据贴现申请人户（面值）

　　　　利息收入——票据贴现利息收入户

3. 到期未收回，贴现银行做出如下会计分录：

借：活期存款——申请人户

　　贷：贴现——商业承兑汇票申请人户

如贴现票据到期，若贴现申请人账户无款支付或不足支付票款，则不足部分作逾期贷款处理。

借：活期存款——申请人户

　　逾期贷款——申请人户

　　贷：资产——商业承兑汇票申请人户

（三）贴现利息计算

贴现利息是持票人以未到期承兑汇票向银行申请贴现，银行同意给予现款，但银行要根据贴现率和承兑汇票的剩余天数计算并从汇票金额中先行扣收一部分款项，这部分被从承兑汇票金额中扣收的金额就是贴现利息。实付贴现金额是指汇票金额（即贴现金额）减去应付贴现利息后的净额。

贴现利息 = 汇票票面金额 × 贴现天数 × 贴现日利率

实付贴现金额 = 汇票票面金额 − 贴现利息

项目活动1　贴现款发放

【业务名称】

为单位客户世贸开关厂办理贴现款的发放业务

【实例操作】

例【5-2-1】2021年9月10日，模拟银行西湖支行开户单位世贸开关厂（账号：001200102002305）申请将未到期的银行承兑汇票一张021463办理贴现，出票人为金立集团公司（001200102006785），承兑人长沙市建行（36210），金额1 000 000元整，该汇票出票日为2021年7月12日，到期日为2021年10月12日，审核无误，予以办理，月贴现率为3.54‰。

【操作步骤】

1. 业务受理

持票人持未到期的商业汇票向开户银行申请贴现时，应填制一式五联的贴现凭证。第一联作贴现借方凭证，第二联作收款户的贷方凭证，第三联作利息收入的贷方凭证，第四联作收账通知，第五联作票据贴现到期卡。持票人在第一联上加盖预留印鉴后，连同汇票送交银行。

银行信贷部门对持票人、贴现凭证和贴现票据等进行审查，若符合贴现条件，应在贴现凭证“银行审批”栏签注“同意”字样，并加盖有关人员印章后送交会计部门。

会计部门收到贴现凭证和汇票后，应认真审查：贴现凭证上是否有信贷部门的签章，各项是否填写正确无误；贴现凭证第一联上的印章是否与预留银行一致；汇票是否真实；汇票是否做成背书；贴现凭证的填写与汇票是否相符等。

2. 计算贴现利息

银行会计部门接到汇票和贴现凭证后，经审核无误，按规定的贴现利率计算贴现利息和实付贴现金额。其计算公式为：

贴现利息＝汇票票面金额×贴现天数×贴现日利率

$$=1\ 000\ 000\times 32\times 3.54‰\div 30=3\ 776(\text{元})$$

实付贴现金额＝汇票票面金额－贴现利息

$$1\ 000\ 000-3\ 776=996\ 224(\text{元})$$

注意：公式中的贴现天数从贴现之日起算至汇票到期日止，算头不算尾。承兑人在异地的，贴现、转贴现和再贴现的期限应另加3天划款日期。

3. 贴现交易处理

将贴现率及计算的贴现利息和实付贴现金额填写在贴现凭证的相应栏后，以贴现凭证第一联作转账借方传票，第二、三联作转账贷方传票，办理转账。

模拟银行　贴现凭证（代申请书）　　1

申请日期　　　2021 年 9 月 10 日　　　　　　　第 02 号

其会计分录为：

贴现汇票	种类	银承	号码	021463	持票人	名称	世贸开关厂
	出票人	2021 年 7 月 12 日				账号	001200102002305
	到期日	2021 年 10 月 12 日				开户银行	模拟银行西湖支行

汇票金额	人民币（大写）壹佰万元整	千	百	十	万	千	百	十	元	角	分
		¥	1	0	0	0	0	0	0	0	0

贴现率	贴现利息	千	百	十	万	千	百	十	元	角	分
3.54‰					¥	3	4	7	6	0	0

贴现金额	千	百	十	万	千	百	十	元	角	分
		¥	9	9	6	2	2	4	0	0

附送承兑汇票申请贴现，请审核 持票人签章	银行审批 负责人　　信贷员	科目（贷）________ 对方科目（借）________ 复核　　记账

借：贴现——面值　　　　　　　　　　1 000 000

　　贷：活期存款——世贸开关厂　　　　　996 224

　　　　利息收入——贴现利息收入　　　　　3 776

同时按汇票金额登记表外科目：

收：代保管有价值品　　　　　　　　1 000 000

4. 回单交付

第四联贴现凭证加盖业务清讫章交给贴现申请人作收账通知。

5. 后续处理

银行经办人员在贴现凭证第一二三联上分别加盖业务清讫章和经办人员名章后作为办理业务的凭证与其他凭证一并装订保管。第五联贴现凭证和汇票按到期日顺序排列，专夹保管。等汇票快到期时，办理汇票托收。

项目活动 2　贴现到期收回

【业务名称】

办理贴现款收回业务

【实例操作】

例【5-2-1】2021 年 10 月 12 日，模拟银行西湖支行将到期的银行承兑汇票，金额 1 000 000 元整，向付款人申请委托收款。该汇票出票人为金立集团公司（001200102006785），承兑人长沙市建行（36210），汇票出票日为 2021 年 7 月 12 日。银行经办人员按规定办理委托收款手续。

【操作步骤】

1. 贴现银行贴现收回准备

贴现银行对贴现到期的商业汇票，作为收款人应于汇票到期时填制委托收款凭证，委托收款凭证凭据名称栏分别注明“商业承兑”或“银行承兑”字样。

2. 贴现银行寄送委托凭证

委托收款凭证第三四五联同通汇票一起寄交付款人开户行，向付款人收取票款。第五联贴现凭证作第二联委托收款凭证的附件存放。其余手续参照汇票到期持票人委托开户行收款的办法处理。

3. 付款人开户行或承兑行划付款项

付款人开户行或承兑行收到贴现银行寄来的委托收款凭证和汇票，经审查无误后，参照委托收款付款人开户行或承兑行的相关手续处理。

4. 贴现银行收回贴现款项

贴现银行收到付款行划回的款项时，按照委托收款的款项划回手续处理，贴现凭证第五联作附件。会计分录为：

借：清算资金往来　　　　　　　　100 000

　　贷：贴现资产——面值　　　　　　　100 000

同时登记表外科目，

付：代保管有价值品　　　　　　　100 000

5. 后续处理

银行经办人员在相关凭证上加盖业务清讫章和经办人员名章后与其他凭证一并装订保管。

模块二　活动练习题

一、单项选择题

1. “贴现”科目是（　　）科目。

A. 负债类　　B. 资产类　　C. 所有者权益类　　D. 费用类

2. 某公司 2021 年 4 月 1 日向银行申请银行承兑汇票贴现，该汇票期限 6 个月，该汇票签发日期是 2021 年 3 月 2 日。贴现天数是（　　）。

A. 153　　B. 152

C. 154　　D. 155

3. 2019 年 6 月 5 日，农业银行韶山路支行为本行开户单位中晨公司办理一笔银行承兑汇票贴现，该票据出票日期是 1 个月前，到期日是出票后的 5 个月，月贴现率 4.17‰，金额为 2 000 000 元整，贴现利息（　　），实付贴现金额（　　）。

A. 34 750，1 965 250　　B. 34 760，1 965 249

C. 34 780，1 965 250　　D. 34 750，1 965 249

二、综合题

1. 6 月 5 日，为开户单位电子器材厂贴现一张 500 000 元整的银行承兑汇票，该汇票的承兑人为省外同系统某行，贴现率为 4.5%，汇票到期日为 10 月 20 日。该笔贴现款按期收回。请列出算式计算贴现息与实付贴现额，并做出贴现和收回贴现票款的会计分录。

2. 6 月 8 日，为开户单位宏力公司贴现一张 358 000 元的商业承兑汇票，该汇票的承兑人为省外同系统他行，贴现率为 4.8%，汇票到期日为 11 月 18 日。汇票到期，承兑人无款支付，当即退票。该行即向宏力公司索回贴现票款。请列出算式计算贴现息与实付贴现额，并做出贴现和收回贴现票款的会计分录。

项目六
金融机构业务往来核算处理

【学习目标】

掌握平行网点、网点与上级行之间的会计核算。

◆

掌握同城票据交换清算业务核算。

◆

掌握同业资金折借与归还业务核算。

◆

熟悉商业银行之间的转贴现业务核算。

◆

了解商业银行内部及跨行业务、商业银行缴存存款和贷款概述。

◆

掌握商业银行缴存存款的核算。

◆

掌握中央银行对商业银行再贷款、再贴现的核算。

模块一　联行往来业务

相关业务基础知识

商业银行内部业务往来是指商业银行内部由于办理同行或跨行系统结算、相互拆借以及代理业务等引起的资金账务往来。包括两部分内容，一是同一银行下银行之间的内部往来，称之为联行业务，也称系统内资金往来业务；二是不同商业银行之间的往来，称之为跨行业务。

一、联行往来

社会资金往来运动最终要体现在银行间的划拨上，当资金结算业务发生时，必然要通过两个或两个以上的银行机构往来才能完成，如果往来双方同属一个银行系统，即同属一个总行的各个分支机构间的资金账务往来，则称其为联行往来。

二、联行往来的种类

1. 全国联行往来。全国联行往来适用于总行与所属各级分支之间以及不同省、自治区、直辖市各机构之间的资金账务往来。全国联行往来账务由总行负责监督管理。

2. 分行辖内往来。分行辖内往来适用于省、自治区、直辖市分行与所辖各分支机构之间以及同一省、自治区、直辖市辖内各银行机构之间的资金账务往来。分行辖内联行往来账务由分行负责监督管理。

3. 支行辖内往来。支行辖内往来适用于县（市）支行与所属各机构之间以及同一县（市）支行内各机构之间的资金账务往来。其所涉及的账务由县（市）支行管理监督。

三、联行往来核算的基本方法

在具体处理联行账务时，又统一将其划分为往账和来账两个系统。发报行处理联行往账，记载发出报单的内容，收报行处理联行来账，记载收到报单的内容。按往账、来账划分联行账务，对于每笔资金划拨，双方银行都要依据相同的金额、相反的方向分别在往账、来账中进行记载，因而就构成了联行账务的对应关系。但具体对某一行处来说，由于每天的联行业务是川流不息的，因此它就既是发报行，又是收报行，既要处理往账业务，又要处理来账业务，这就要求往账和来账必须严格划分清楚，并分别进行核算。

现代计算机技术的发展，银行联行往来实现了计算机自动即时清算。

四、联行往来会计科目设置

随着现代计算机网络技术和卫星通信技术的发展，联行往来会计科目也随之变化。各行的科目设置不尽相同，常用的科目有“资金清算往来——待清算辖内往来”“系统内上存款项”“系统内款项存放”“联行往账”“联行来账”“辖内往来”“存放联行款项”“联行存放款项” 等。

1. “清算资金往来” 科目。清算资金往来是指用于不同银行之间或者同一银行不同机构之间清算的资金，如用于票据清算或同行款项划拨的准备金，央行往来清算账户，各行之间的清算代理资金等。属于资产负债共同性科目。

2. “系统内上存款项” 科目。该科目反映各清算行存放在总行以及各经办行存放在清算行的清算备付金。属资产类科目，余额反映在借方，为下级行所用。

3. “系统内款项存放” 科目。该科目反映总行收到的各清算行上存的清算备付金存款。属负债类科目，余额反映在贷款，为上级行所用。

五、平行网点联行

银行最基层的机构，对外服务营业，俗称“网点”，像撒网一样分布在各个街道、乡村。网点联行业务是指同一银行不同网点的业务往来。现同城同一辖区平行网点间的联行已实现了大会计核算，无须再进行资金清算。不同辖区平行网点之间的业务划转需进行资金清算。商业银行的下级行与上级行之间的资金清算，支行与分行之间的资金清算，分行与总行之间的资金清算。

项目活动1　网点之间联行结算

【业务名称】

客户周成与张林在平行网点之间的汇款业务

【实例操作】

例【6-1-1】2021年7月30日，客户周成到模拟银行西湖支行从活期储蓄存款Ⅰ类账户账号1201091105009865中转出20 000元整，转汇给模拟银行东湖支行客户张林的Ⅰ储蓄存款账户中，账号为1201091107009170。西湖支行按规定办理业务。

【操作步骤】

1. 业务受理

客户向银行柜员描述其所需办理业务类型，并向银行出示：借记卡。

2. 业务审核

银行经办人员审核银行卡或存折是否本行经办，办理人员是否为本人或为他人代办。

3. 业务办理

银行经办人员进入操作系统，从卡或存折上转出20 000元，客户输入密码正确并确认此笔款项金额正确签字，此款汇入东湖支行的张林账户。

会计分录为：

借：活期储蓄存款——周成　　20 000

　　贷：资金清算往来——待清算辖内往来　　20 000

每日营业终了，此科目扎差结转到“系统内上存款项”科目。

借：资金清算往来——待清算辖内往来　　20 000

　　贷：系统内上存款项——上存上级行备付金　　20 000

如为借报汇划业务的会计分录相反。

4. 后续处理

把银行卡、汇款回单交给客户，银行柜台上有电子屏，请客户对此次业务的满意度做评价。

【实例操作】

例【6-1-2】2021年7月30日，客户周成到模拟银行西湖支行从活期储蓄存款Ⅰ类账户账号1201091105009865中转出20 000元整，转汇给同城模拟银行东湖支行客户张林的Ⅰ储蓄存款账户中，账号为1201091107009170。东湖支行按规定办理业务。

【操作步骤】

1. 如收报行客户张林不到柜台取款。东湖支行经办人员不需要业务操作处理。会计分录为：

借：系统内上存款项——上存上级行备付金　　20 000

　　贷：资金清算往来——待清算辖内往来　　20 000

借：资金清算往来——待清算辖内往来　　20 000

　　贷：活期储蓄存款——张林　　20 000

2. 如客户张林到柜台取款，则银行经办人员按储蓄取款规定操作处理。取款会计分录略。

项目活动2　网点与上级行联行结算

【业务名称】

模拟银行联行会计处理

【实例操作】

例【6-1-3】2021 年 7 月 30 日，客户周成到模拟银行西湖支行从活期储蓄存款Ⅰ类账户账号 1201091105009865 中转出 20 000 元整，转汇给同城模拟银行东湖支行客户张林的Ⅰ储蓄存款账户中，账号为 1201091107009170。西湖支行和东湖支行的上级行模拟银行会计处理。

【操作步骤】

1. 上级行模拟银行工作人员收到联行报单，会计分录如下：

借：系统内款项存放——西湖支行备付金　　20 000

　　借：系统内款项存放——东湖支行备付金　　20 000

2. 后续处理

上级行模拟银行工作人员每月及时核对每个网点的“存放联行款项”和“联行存放款项”科目是否一致。现代计算机网络系统已实现了即时自动联行清算，已不需要人工核对此类科目。

模块一　活动练习题

一、单项选择题

1. 下列不属于联行往来的常用科目的是（　　）。

A. 存放联行款项　　B. 联行存放款项

C. 电子联行往账　　D. 存放中央银行款项

2. 同属（　　）的各个分支机构间的资金账务往来，则称其为联行往来。

A. 一个总行　　B. 一个分行

C. 一个支行　　D. 一个辖区

3. “系统内上存款项”科目属于（　　）类科目，余额在（　　）。

A. 负债类、贷方　　B. 资产、借方

C. 资产、借方　　D. 负债类、贷方

4.（　　）适用于省、自治区、直辖市分行与所辖各分支机构之间以及同一省、自治区、直辖市辖内各银行机构之间的资金账务往来。

A. 全国联行往来　　B. 分行辖内往来

C. 支行辖内往来　　D. 总行辖内往来

5. 联行往来的种类有（　　）种。

A. 1　　B. 2

C. 3　　D. 4

二、综合题

长沙中晨有限公司 2021 年 8 月 9 日到开户行模拟银行西湖支行转划出 500 000 元，汇兑给模拟银行武汉华中支行客户武汉新兴有限公司。请做如下会计处理：

（1）西湖支行的会计分录

（2）长沙模拟银行会计分录

（3）武汉模拟银行会计分录

（4）华中支行会计分录

模块二　跨行往来业务

相关业务基础知识

1. 跨行往来业务

跨行往来业务是指各商业银行之间由于开户客户的资金汇兑、结算等或各行之间拆借等引起的资金汇划清算。现代化支付系统都是应用网上跨行支付。

2. 网上跨行业务的发展

网上跨行支付属于银行间（或银行与非银行清算组织间）的协议行为，当收付款人不在同一家银行开户时，支付指令的跨行清算通过多个系统间传输或转换，有些处理环节还须商业银行业务人员手工干预，业务处理时间较长，客户也不能及时了解支付业务的处理结果。为提高网上支付的跨行清算效率，提升商业银行网银服务水平，更好地履行中央银行的支付清算职责，人民银行决定建设网上支付跨行清算系统。

2010 年 8 月 30 日，央行网上支付跨行清算系统正式上线，个人或企业可通过统一界面，查询管理在多家银行开立的结算账户，并实现跨行资金汇划等。

截至 2011 年 11 月底，共有 120 家银行业金融机构法人接入网上支付跨行清算系统。

网上支付跨行清算系统的参与者分为直接接入银行机构、直接接入非金融机构和代理接入银行机构三类。

（1）直接接入银行机构。指与网上支付跨行清算系统连接并在中国人民银行开设人民币存款账户，直接通过网上支付跨行清算系统办理业务的银行业金融机构。

（2）直接接入非金融机构。指与网上支付跨行清算系统连接，直接通过网上支付跨行清算系统办理业务的非金融支付服务机构。

（3）代理接入银行机构。指委托直接接入银行机构运行维护本行网上银行系统，并由直接接入银行机构通过网上支付跨行清算系统代为收发业务和资金结算的银行机构。代理接入银行机构必须制定一个直接接入银行机构代为收发支付业务和资金结算。

3. 同业拆借

同业拆借，或同业拆款、同业拆放、资金拆借，又称同业拆放市场，是金融机构之间进行短期、临时性头寸调剂的市场。是指具有法人资格的金融机构及经法人授权的金融分支机构之间进行短期资金融通的行为，一些国家特指吸收公众存款的金融机构之间的短期资金融通，目的在于调剂头寸和临时性资金余缺。金融机构在日常经营中，由于存放款的变化、汇兑收支增减等原因，在一个营业日终了时，往往出现资金收支不平衡的情况，一些金融机构收大于支，另一些金融机构支大于收，资金不足者要向资金多余者融入资金以平衡收支，于是产生了金融机构之间进行短期资金相互拆借的需求。资金多余者向资金不足者贷出款项，称为资金拆出；资金不足者向资金多余者借入款项，称为资金拆入。一个金融机构的资金拆入大于资金拆出叫净拆入；反之，叫净拆出。

（1）同业拆借利率

一般来说，同业拆借利率是以中央银行再贷款利率和再贴现率为基准，再根据社会资金的松紧程度和供求关系由拆借双方自由议定的。

（2）同业拆借的特点

一是融通资金的期限比较短，我国同业拆借资金的最长期限为 4 个月（修订后的《商业银行法》第 46 条取消了对拆借期限不超过 4 个月的规定），因为同业拆借资金主要用于金融机构短期、临时性资金需要；二是同业拆借的参与者是商业银行和其他金融机构。参与拆借的机构基本上在中央银行开立存款账户，在拆借市场交易的主要是金融机构存放在该账户上的多余资金；同业拆借基本上是信用拆借，拆借活动在金融机构之间进行，市场准入条件较严格，金融机构主要以其信誉参与拆借活动；三是利率相对较低。由于拆借双方都是商业银行或其他金融机构，其信誉比一般工商企业要高，拆借风险较小，加之拆借期限较短，因而利率水平较低。

4. 转贴现业务

转贴现是指办理贴现的银行将其贴进的未到期票据，再向其他银行或贴现机构进行贴现的票据转让行为。贴进承兑汇票的银行如果资金并不短缺，一般都会将贴现的汇票持有到期，只有在汇票到期之前需要资金时才会办理转贴现。在西方发达国家的票据市场上，银行承兑汇票允许被多次转贴现，以保证资金运作的灵活性和良好的收益性。

（1）贴现与转贴现

贴现是企业与金融机构之间的业务。转贴现是指金融机构为了取得资金，将未到期的已贴现商业汇票再以贴现方式向另一金融机构转让票据的行为，是金融机构间融通资金的一种方式。

（2）转贴现与再贴现

转贴现是金融机构之间的业务。再贴现是指金融机构为了取得资金，将未到期的已贴现商业汇票再以贴现方式向中国人民银行转让的票据行为，是中央银行的一种货币政策工具。票据转贴现之后才能再贴现。

5. 大小额支付系统

大小额支付系统指大额支付系统和小额支付系统。其中前者指中国人民银行现代化支付系统的接入系统，是以电子方式实时全额处理跨行及跨区支付业务的应用系统，大额支付系统指令逐笔实时发送，全额清算资金；后者是中国人民银行现代化支付系统的重要组成部分，主要处理跨行同城、异城纸质凭证截留的借记支付业务以及金额在规定起点以下的小额贷记支付业务（目前人行暂定为 5 万元〈含〉限额以下），实现不同地区、不同银行营业网点的资源共享。

大额支付系统包括汇兑、委托收款划回、托收承付划回、中央银行和国库部门办理的资金汇划、承兑汇票查询等。

小额支付系统业务种类包括普通贷记业务（汇兑、委托收款、划回）、托收承付、定期贷记业务（如：代发工资，保险金）、定期借记业务（如：代收水费、电费、煤气费等）、实时贷记业务（跨行通存、实时缴税等）、实时借记业务（跨行通兑、实时缴税等）、清算组织发起的代收付业务、同城轧差净额清算业务、国库相关业务、通兑业务等等。

大额支付系统只处理贷记支付业务；小额支付系统主要面向消费支付。小额系统保持全天 24 小时连续不间断运行，提供跨行、跨地区代收代付业务的清算服务。大额支付系统交易的金额大、速度快，是最终性支付，要求实时逐笔进行支付处理。对支付交易信息报文传输、处理系统的安全性、可靠性要求很高，系统安全、可靠是大额支付系统的关键。

项目活动 1　同城跨行往来清算业务

【业务名称】

为单位客户长沙宏光有限责任公司办理汇兑业务

【操作流程图】

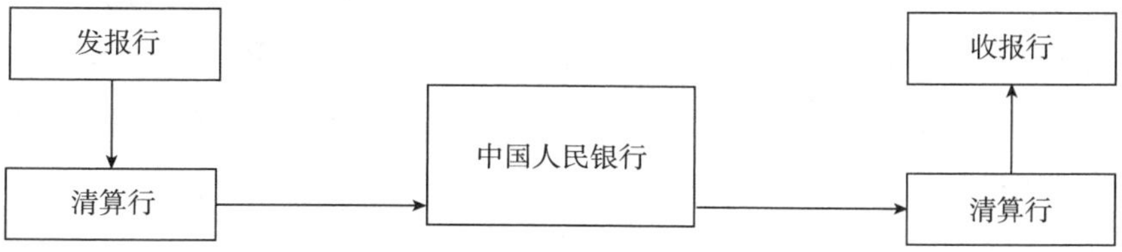

【实例操作】

例【6－2－1】2021 年 7 月 30 日，客户长沙宏光有限责任公司到模拟银行西湖支行办理汇兑业务，从基本账户中（账号 1201061204201204）转出 200 000 元整，汇兑给农业银行五一支行客户长沙中兴公司，账号为 12020921070071680。发报行模拟银行西湖支行按规定办理。

【操作步骤】

1. 业务受理

客户向银行经办人员描述其所需办理业务的类型，并向其出示：银行结算业务申请书的汇兑申请。审核汇兑凭证，印鉴都相符，进入操作系统从长沙宏光有限责任公司转划 200 000 元，记账录入。

2. 业务汇兑录入

银行经办人员根据确已记账的汇划凭证，以实时汇兑方式，按业务种类输入有关内容，用途栏和客户附言应按客户填写的内容录入，不得省略。录入完后打印录入清单。

3. 复核确认授权

银行复核授权人员根据原始汇划凭证，进行全面审查、复核授权。授权后产生有效汇划数据，由系统实时发至收报行。

4. 会计处理

会计分录为：

借：活期存款——长沙宏光有限责任公司　　200 000

　　贷：清算资金往来　　200 000

每日营业终了，将“清算资金往来”科目扎差结转“存放中央银行款项”科目，进行资金实时清算，会计分录为：

借：清算资金往来　　200 000

　　贷：存放中央银行款项　　200 000

5. 后续处理

日终打印相关凭证，核对本日贷报借报笔数、金额。

【实例操作】

例【6－2－2】2021 年 7 月 30 日，客户长沙宏光有限责任公司到模拟银行西湖支行办理汇兑业务，从基本账户中（账号 1201061204201204）转出 200 000 元整，汇兑给农业银行五一支行客户长沙中兴公司，账号为 12020921070071680。收报行农业银行五一支行按规定办理。

【操作步骤】

1. 业务受理

经人民银行票据交换，收报行农业银行经办人员接收实时数据，打印来账报单。

2. 来账交易处理

农业银行五一支行会计分录：

借：清算资金往来　　　　　　　　　　200 000

　　贷：活期存款——长沙中兴公司　　　　200 000

每日营业终了，将“清算资金往来”科目结转到“存放中央银行款项”科目，进行资金清算。会计分录为：

借：存入中央银行款项　　　　　　　200 000

　　贷：清算资金往来　　　　　　　　　200 000

3. 后续处理

日终打印相关凭证，核对本日贷报借报笔数、金额。

项目活动2　同业资金拆借与归还

【业务名称】

模拟银行西湖支行向农业银行五一支行拆借资金

【实例操作】

例【6－2－3】2021年8月20日，模拟银行西湖支行发生临时性资金困难，向农行五一支行拆借资金10 000 000元整，经商定拆借期限10天，年利率为3.5%，签订拆借合同。拆出行农行五一支行办理业务。

【资金拆借流程图】

【操作步骤】

1. 拆出行拆放资金

拆出行会计部门根据资金计划部门签发的资金调拨单和拆借合同签发中国人民银行转账支票和进账单。办理资金划转手续，会计分录为：

借：拆放同业——模拟银行西湖支行　　　　10 000 000

　　贷：存放中央银行款项　　　　　　　　　10 000 000

2. 中国人民银办理转账

人民银行收到农行五一支行签发的转账支票和进账单，办理资金转划。会计分录为：

借：农业银行存款——五一支行　　10 000 000

　　贷：模拟银行存款——西湖支行　　10 000 000

3. 拆入行收到资金

拆入行会计部门收到进账单和回单联，据以办理进账，会计分录为：

借：存放中央银行款项　　10 000 000

　　贷：同业拆入——农行五一支行　　10 000 000

【实例操作】

例【6－2－4】2021 年 8 月 30 日，模拟银行西湖支行向农行五一支行拆借资金 10 000 000 元，拆借期限 10 天，年利率为 3.5%，拆借到期，拆入行还息还本。模拟银行西湖支行按规定办理业务。

【操作步骤】

1. 拆入行归还本息

拆借资金到期后，拆入行计算利息，填写中国人民银行转账支票和进账单，归还本息。会计分录为：

借：同业拆入——农行五一支行　　10 000 000

　　金融企业往来支出——拆借利息　　9 722.22

　　贷：存入中央银行款项　　10 009 722.22

2. 中国人民银行办理转账

人民银行收到拆入行签发的转账支票和进账单，据以办理转账。会计分录为：

借：模拟银行存款——西湖支行　　10 009 722.22

　　贷：农业银行存款——五一支行　　10 009 722.22

3. 拆出行收回本息

拆出行收到进账单回单联，办理转账。会计分录为：

借：存入中央银行款项　　10 009 722.22

　　贷：金融企业往来收入——拆借利息收入　　9 722.22

　　　　拆放同业——拆入行　　10 000 000

项目活动3　转贴现业务贴现款发放与收回

【业务名称】

模拟银行西湖支行办理转贴现业务

【实例操作】

例【6-2-5】2021年8月28日，模拟银行西湖支行临时资金困难，到农业银行五一支行申请办理转贴现，持未到期的商业承兑汇票办理转贴现5 000 000元整。商业承兑汇票到期日为9月28日，转贴现利率为3.25%。

【操作步骤】

1. 申请行申请转贴现

西湖支行填制一式五联转贴现凭证，申请转贴现业务，在第一联上签章后，连同汇票一并送交转贴现农业银行五一支行信贷部门。

2. 转贴现银行办理转贴现

转贴现银行会计部门接到信贷部门转来审批同意的转贴现凭证，和做成背书转让的商业承兑汇票，经审确认无误后，其余手续和一般贴现相同。会计分录为：

借：贴现——汇票转贴现　　5 013 541.67

　　贷：存放中央银行款项　　5 000 000

　　　　金融企业往来收入——转贴现利息　　13 541.67

3. 申请行收到转贴现款

申请行收到转贴现银行交给的转贴现收账通知后，应填制特种转账凭证，收账通知作存放中央银行款项借方传票的附件办理转账。会计分录为：

借：存放中央银行款项　　5 000 000

　　金融企业往来支出——转贴现利息支出　　13 541.67

　　贷：贴现——汇票转贴现　　5 013 541.67

4. 转贴现行到期收回转贴现款项

9月28日，商业承兑汇票到期，转贴现银行农业银行五一支行向汇票的付款人发托收凭证，收回票据款。在收到款项划回时，会计分录为：

借：清算资金往来　　5 000 000

　　贷：贴现——汇票转贴现　　5 000 000

如未收回的，按照《票据法》的规定向其前手进行追索。

项目活动4 大小额支付系统

【业务名称】

为单位客户长沙宏光有限责任公司办理大额支付业务

【实例操作】

例【6－2－6】2021年7月26日，客户长沙宏光有限责任公司到模拟银行西湖支行办理大额汇兑业务，从基本账户中（账号1201061204201204）转出500 000元整，汇兑给武汉建设银行东湖支行客户新信有限公司，各行按规定处理。

【操作步骤】

1. 业务受理

发报行西湖支行根据客户提供的原始凭证要求，直联大小额支付系统，行内业务处理系统按规定格式标准发出。会计分录为：

借：活期存款——长沙宏光有限责任公司　　500 000

　　贷：大额支付往来　　500 000

2. 发起清算行处理

发起清算行为西湖支行的上级行模拟银行长沙分行，会计分录为：

借：大额支付往来　　500 000

　　贷：存放中央银行款项　　500 000

3. 发报中心处理

发报中心为长沙人民银行中心支行，会计分录为：

借：模拟银行存款——长沙支行　　500 000

　　贷：大额支付往来　　500 000

4. 国家处理中心

中国人民银行总行为国家处理中心，会计分录为：

借：湖南模拟银行存款　　500 000

　　借：湖北建设银行存款　　500 000

5. 收报中心处理

收报中心为武汉人民银行为中心支行，会计分录为：

借：大额支付往来　　500 000

　　贷：建设银行存款——武汉支行　　500 000

6. 接收清算行处理

接收清算行为建行武汉分行，会计分录为：

借：存入中央银行款项　　500 000

　　贷：大额支付往来　　500 000

7. 接收行处理

接收行为建行武汉分行东湖支行，会计分录为：

借：大额支付往来　　　　　　　　　500 000

　　贷：活期存款——新信有限公司　　　　500 000

模块二　活动练习题

一、单项选择题

1. 跨行往来业务是指（　　）由于开户客户的资金汇兑、结算等或各行之间拆借等引起的资金汇划清算。

A. 商业银行与人民银行　　　　B. 各商业银行之间

C. 商业银行与客户之间　　　　D. 人民银行与客户之间

2. 同业拆借，或同业拆款、同业拆放、资金拆借，又称同业拆放市场，是（　　）进行短期、临时性头寸调剂的市场。

A. 商业银行之间　　　　B. 金融机构之间

C. 商业银行与客户之间　　　　D. 人民银行与客户之间

3. 同业拆借利率是以中央银行（　　）为基准，再根据社会资金的松紧程度和供求关系由拆借双方自由议定的。

A. 再贷款和再贴现利率　　　　B. 贷款利率

C. 再贷款利率　　　　D. 再贴现利率

4. 转贴现系指金融机构为了取得资金，将未到期的已贴现商业汇票再以贴现方式向（　　）转让的票据行为，是金融机构间融通资金的一种方式。

A. 人民银行　　　　B. 建设银行

C. 其他商业银行　　　　D. 另一金融机构

5.（　　）系指金融机构为了取得资金，将未到期的已贴现商业汇票再以贴现方式向中国人民银行转让的票据行为，是中央银行的一种货币政策工具。

A. 贴现　　　　B. 转贴现

C. 再贴现　　　　D. 再贷款

二、综合题

1. 2021 年 8 月 30 日，客户武汉中信有限责任公司到建设银行东湖支行办理汇兑业务，从基本账户中转出 250 600 元，汇兑给武汉农业银行洪山支行客户新兴有限公司。请陈述汇兑流程，并做各行的业务处理。

2. 2021 年 8 月 25 日，长沙模拟银行西湖支行发生临时性资金困难，向建设银行第一支行拆借资金 8 500 000 元，经商定拆借期限 15 天，年利率为 3.5%，签订拆借合同。请陈述拆旧流程，并做各行的业务处理。

3. 2021 年 8 月 20 日，模拟银行支行临时资金困难，到农业银行支行申请办理转贴现，持末到期的银行承兑汇票办理卖断式转贴现 4 500 000 元。银行承兑汇票到期日为 9 月 25 日，转贴现利率为 3.25%。

4. 请说说什么是卖断式转贴现、回购式转贴现？

5. 2021 年 8 月 30 日，客户武汉中兴有限责任公司到模拟银行东湖支行办理大额汇兑支付业务，从基本账户中（账号 1201061204201204）转出 550 000 元，汇兑给南京建设银行第一支行客户新信有限公司，各行按规定处理。请陈述大额支付流程，并做出各行的业务处理。

模块三　商业银行与中央银行业务往来

相关业务基础知识

一、商业银行缴存存款的核算

（一）缴存财政性存款的范围

各商业银行吸收的财政性存款、部队存款、机关团体存款、财政发行期票款减应收期票款项、财政发行的国库券和各项债券款项减已兑付国库券和各项债券款项等，都是中国人民银行委托商业银行办理的存款，必须全额划缴中国人民银行。

（二）一般性存款的缴存范围

各商业银行吸收的企业存款、城乡储蓄存款、农村存款、基建单位存款、委托存款减委托贷款、委托投资后的结余等存款，虽然属于商业银行的信贷资金，但必须按中国人民银行规定比例缴存中国人民银行，由中国人民银行集中掌握使用。

（三）缴存存款的比例

1. 财政性存款全部划归中国人民银行，其缴存存款的比例为100%；

2. 一般性存款的比例，根据放松和紧缩银根的需要，中国人民银行随时调整。所以，其缴存存款的比例不固定。我国曾经使用的比例有：20%、13%、8%、6%、5%等。

（四）调整缴存存款的时间

各商业银行向中国人民银行缴存存款的时间，除第一次按规定时间缴存以外，城市分、支行（包括县支行及同城所属部、处），每旬调整一次，于旬后五日内办理。

（五）缴存存款调整的幅度

1. 对财政性存款，应按每旬增加（或减少）的实际数额，计算应缴存存款的数额；

2. 对缴存的存款必须按照财政性存款、一般性存款账户余额总数（计至角、分〉的全额，或分别按比例计算出应缴存存款金额，缴存金额以千元为单位的，千元以下四舍五入。

二、缴存存款的处理方法

（一）科目的设置和账户的设立

1. 中国人民银行设立的科目

“××银行缴来财政性存款”科目，用于核算各商业银行缴来的财政性存款，该科目属于负债类，余额反映在贷方。

“××银行缴来一般性存款”科目，用于核算各商业银行缴来的一般性存款，该科目属于负债类，余额反映在贷方。

2. 各商业银行设立的科目

“存放中央银行款项”科目，用于核算商业银行存入中央银行的各种存款。该科目应按所发生的经济业务分别设置“存中央银行存款”“存中央银行财政性存款”“存中央银行一般性存款”等明细科目。该科目属于资产类，其余额反映在借方。

（二）缴存存款的凭证

1. 缴存（调整）财政性存款各科目余额表
2. 缴存（调整）一般性存款各科目余额表
3. 缴存（或调整）财政性存款划拨凭证
4. 缴存（或调整）一般性存款划拨凭证
5. 财政性存款、一般性存款欠缴凭证

（三）缴存存款核算手续

1. 财政性存款和一般性存款的缴存
2. 财政性存款和一般性存款的调整
3. 缴存存款欠缴、迟缴或少缴的核算

（四）财政性存款和一般性存款的缴存

1. 各商业银行在办理缴存存款时，先根据有关存款科目的余额，编制缴存存款各科目余额表一式两份，并按计提比例计算出应缴存金额，转账的会计分录为：

借：存放中央银行款项存中央银行财政性（或一般性）存款

贷：存放中央银行款项存中央银行存款

人民银行收到商业银行上缴的款项，记账如下：

借：XX银行存款户

贷：XX银行缴来财政性（或一般性）存款

（五）财政性存款和一般性存款的调整

各商业银行支行（城市区办）于每旬（或每月）对缴存财政性存款和一般性存款进行调整，须填制缴存（或调整）财政性存款和一般性存款各科目余额表一式两份，并分别计算出本次调整时应缴存的金额。

将本旬（月）末各科目余额总数与上旬（月）末已办理缴存（或调整）的同类科目余额总数进行比较。

如果本次调整时的余额总数大于上次调整时的余额总额，应调加金额；反之，应调减金额。计算后，其差额为本次调整的金额，并按规定的比例，计算出本次调整应划缴的存款金额。

财政性存款按照增加（或减少）的实际数额计算应缴存金额，并办理调整；一般性存款按照增加（或减少）达10万元（含10万元）以上的应予办理调整，不足10万元的不作调整。然后将计算的金额分别填制缴存（调整）财政性存款和一般性存款划拨凭证，进行账务处理。

调增时，会计分录与首次缴存存款处理手续相同；调减时，会计分录与首次缴存存款相反。

三、商业银行向中央银行贷款

中央银行对商业银行发放的年度性贷款、季节性贷款、日拆性贷款，必须在规定的额度范围内，据申请随用随贷，商业银行应严格遵守贷款期限，按期归还。

（一）年度性贷款

中央银行用于解决商业银行因经济合理增长而引起的年度贷款资金不足，贷款给商业银行作为年度性使用，一般期限为一年。

（二）季节性贷款

中央银行主要用于解决商业银行因信贷资金先支后收或季节性下降、上升等情况而引起的临时性资金不足，贷款给商业银行作为临时性使用。这种贷款为短期贷款，一般期限为两个月，最长不能超过四个月。

（三）日拆性贷款

中央银行主要用于解决商业银行因汇划款项未达等因素而引起的临时资金短缺，贷款给商业银行作为临时性使用。这种贷款为短期贷款，一般期限为十天，最长不超过二十天。

四、发放贷款的处理手续

（一）再贷款申请、发放

各商业银行向中央银行办理贷款时，应提交“中央银行贷款申请书”，经中央银行审查同意后，填写一式五联借款凭证，并注明贷款种类，交中央银行审批。中央银行审查无误并同意后，交会计部门办理转账，会计分录为：

借：××银行贷款——××贷款户

　　贷：××银行存款——××存款户

商业银行接到中央银行退交的回单后，办理转账。其会计分录如下：

借：存放中央银行款项——存款户

　　贷：向中央银行借款——××借款户

（二）再贷款归还

再贷款到期时，各商业银行按规定还本还息。人民银行会计分录为：

借：××银行贷款——××存款户

　　金融机构往来支出—央行往来利息支出

　　贷：××银行存款——××贷款户

商业银行会计分录为：

借：向中央银行借款——××借款户

　　贷：存放中央银行款项——存款户

　　　　金融机构往来收入——央行往来利息收入

五、再贴现业务

再贴现是中央银行解决商业银行因贴现商业汇票引起的资金短缺而贷款给商业银

行使用的一种贷款方式。

再贴现是中央银行向商业银行贷款的一种形式。它是商业银行持已贴现而尚未到期的承兑票据（商业汇票），为了提前取到票款，向中央银行贴付一定利息所做的转让。

（一）办理再贴现的核算

商业银行持未到期的贴现商业汇票，向中国人民银行申请再贴现时，要经计划业务部门审查批准，再将有关凭证交会计部门。会计部门逐份审核再贴现凭证及汇票金额，按规定的再贴现的日期和利率，计算出再贴现利息和实付再贴现金额。再贴现利息和实付贴现金额的计算公式如下：

再贴现利息＝再贴现汇票面额×实际贴现天数×（月再贴现利率÷30）

实付贴现金额＝汇票金额－再贴现利息

中国人民银行会计分录：

借：再贴现××行——再贴现户

　　贷：××银行存款——再贴现申请行户

　　　　金融企业往来收入——××银行利息收入

商业银行收到人民银行的有关转账传票，会计分录为：

借：存放中央银行款项

　　金融企业往来支出——人行往来利息支出

　　贷：向中央银行借款——再贴现借款户

（二）再贴现到期收回的核算

再贴现票据到期时，人民银行抽出保存的票据，按照承兑人银行填制特种转账借贷传票办理转账。会计分录如下：

借：××银行存款——再贴现行户

　　贷：再贴现——××行再贴现户

如果申请再贴现的商业银行存款不足，则人民银行把不能按期收回的部分转入商业银行的逾期贷款账户内。人民银行的会计分录如下：

借：再贴现——××行再贴现逾期户

　　贷：再贴现——××行再贴现户

人民银行对于逾期金额要按规定进行处罚。

商业银行在再贴现到期日收到中国人民银行按期办理再贴现还款通知时，会计分录如下：

借：向中央银行借款——再贴现借款户

　　贷：存放中央银行款项

商业银行收到再贴现逾期款项和利息扣收的通知时，会计分录如下：

借：向中央银行借款——再贴现借款户

　　金融企业往来支出——人行往来利息支出

　　贷：存放中央银行款项

项目活动1　商业银行上缴基本准备金业务

【业务名称】

模拟银行上缴基本准备金业务

【操作实例】

【例6－3－1】模拟银行长沙市支行10月末各项存款余额调整缴存存款后，已缴财政性存款43 240 000元，已缴一般性存款5 529 400元。

11月10日该银行各存款科目余额：

财政性存款53 240 000元

企业存款128 380 000元

储蓄存款68 000 000元

各种存款缴存比例为：财政性存款100%，一般性存款13%。

【操作步骤】

1. 模拟银行长沙市支行先核算

11月15日办理缴存手续时，分别计算出：

应缴财政性存款金额

10 000 000元（=53 240 000－43 240 000）

应缴一般性存款金额

20 000 000元(=128 380 000＋68 000 000)×13%－5 529 400

2. 根据计算结果分别编制缴存存款划拨凭证，并以划拨凭证进行转账处理。会计分录如下：

借：缴存中央银行财政性存款　　10 000 000

　　贷：存放中央银行款项　　10 000 000

借：缴存中央银行一般性存款　　20 000 000

　　贷：存放中央银行款项　　20 000 000

3. 办理转账后，将划拨凭证第三、四联连同缴存（或调整）存款各科目余额表，送交中国人民银行，另一份余额表留存。

4. 人民银行核算

中国人民银行收到模拟银行某市划拨凭证和余额表后，经审核无误，办理转账，余额表由专夹保管。会计分录如下：

借：模拟银行存款户　　　　　　10 000 000

　　贷：模拟银行缴来财政性存款　　10 000 000

借：模拟银行存款户　　　　　　20 000 000

　　贷：模拟银行缴来一般性存款　　20 000 000

项目活动2　商业银行向中央银行贷款的核算

【业务名称】

商业银行向中央银行再贷款

【操作实例】

【6－3－2】工商银行某市支行10月8日向人民银行借得日拆性资金5 000 000元，期限二十天，月利率为9‰。

【操作步骤】

1. 商业银行申请再贷款

商业银行向人民银行申请再贷款，填制一式五联借款借据送交中国人民银行。

2. 中国人民银行审批并发放贷款

中国人民银行货币信贷部门审核借款借据。会计部门收到准确无误的借据，以借款借据的第一、二联分别做账借方和贷方传票。第三联借据盖章后退还给借款的商业银行，第五联借据按日期顺序排列保管。会计分录为：

借：工商银行贷款——日拆性贷款　　　　5 000 000

　　贷：工商银行存款　　　　　　　　　5 000 000

3. 商业银行账务处理

商业银行收到中国人民银行退回的第三联借款借据后，凭此编制转账借方、贷方传票办进转账。会计分录为：

借：存放中央银行款项　　　　3 000 000

　　贷：向中央银行借款　　　　3 000 000

【操作实例】

【6－3－3】工商银行某市支行10月28向人民银行借得日拆性资金5 000 000元的贷款到期，月利率为9‰。请做再贷款收回处理。

【操作步骤】

1. 工商银行归还再贷款准备

商业银行向中央银行申请借款，在贷款到期日，必须准备好资金归还贷款。工商银行在归还贷款时，填制一式四联还款凭证，并加盖预留印鉴。

2. 中国人民银行处理

中国人民银行会计部门收到还款凭证时，经审查无误，即办理转账。会计分录如下：

借：工商银行存款　　　　　　　　　　　　5 030 000

　　贷：工商银行贷款——日拆性贷款　　　　　　　5 000 000

　　　　金融机构往来收入——工商银行借款利息收入　　30 000

$5\ 000\ 000 \times 20 \times 9‰ \div 30 = 30\ 000$

如果贷款到期，借款银行无力偿还时，会计部门将把原贷款转为逾期贷款，会计分录如下：

借：工商银行——逾期贷款户

　　贷：工商银行贷款——日拆性贷款

3. 商业银行归还贷款处理

商业银行归还贷款后，凭人民银行退回的还款凭证及借据，办理转账。会计分录如下：

借：向中央银行借款　　　　　　　　　　5 000 000

　　金融机构往来支出——央行往来利息支出　　30 000

　　贷：存放中央银行款项　　　　　　　　　　5 030 000

【操作实例】

例【6－3－4】若上述贷款到期时，工商银行在人民银行存款户余额不足，只能归还2 000 000元，其不足部分逾期十天归还，逾期贷款按日再计收万分之三利息。

【操作步骤】

1. 商业银行会计部门计算利息

按期归还部分的贷款利息：

$2\ 000\ 000 \times 20 \times 9‰ \div 30 = 12\ 000$（元）

借：向中央银行借款——日拆性借款　　　　2 000 000

　　金融企业往来支出——央行往来利息支出　　12 000

　　贷：存放中央银行款项　　　　　　　　　　2 012 000

2. 贷款不足部分十天后还款

贷款利息：

3 000 000 × 30 × 9‰ ÷ 30 = 27 000（元）

3 000 000 × 0.3‰ × 30 = 27 000（元）

27 000 + 27 000 = 54 000（元）

会计分录如下：

借：向中央银行借款——日拆性借款　　3 000 000
　　金融企业往来支出——央行往来利息支出　　54 000
　　贷：存放中央银行款项　　3 054 000

项目活动3　商业银行再贴现业务

【业务名称】

商业银行再贴现业务

【操作实例】

例【6-3-5】2021年3月2日，工商银行某支行向人民银行提交一张200 000元的商业汇票办理再贴现。该汇票到期日为5月20日，假设再贴现利率为月5.4‰。

【操作步骤】

1. 人民银行业务处理

人民银行收到汇票，经计划部门审核批准后，会计部门计算再贴现利息和实付贴现金额。

再贴现利息：

200 000 × 78（天）× 5.4‰ ÷ 30 = 2 808（元）

实付贴现金额：

200 000 - 2 808 = 197 192（元）

人民银行的会计分录为：

借：再贴现——工商银行再贴现户　　200 000
　　贷：工商银行存款　　197 192
　　　　金融企业往来收入——工商银行利息收入　　2 808

2. 工商银行的账务处理

借：存放中央银行款项　　197 192
　　金融企业往来支出——人行往来利息支出　　2 808
　　贷：向中央银行借款再贴现户　　200 000

3. 汇票到期，人民银行处理。

5 月 20 日，该汇票到期，人民银行办理收回票款的会计分录为：

借：工商银行存款　　　　　　　　　　200 000

　　贷：再贴现——工商银行再贴现户　　　　200 000

4. 汇票到期，工商银行处理。

工商银行收到人民银行再贴现还款的通知，账务处理如下：

借：向中央银行借款——再贴现借款户　　　200 000

　　贷：存放中央银行款项　　　　　　　　　200 000

模块三　活动练习题

一、单选题

1. “存放中央银行款项”科目，用于核算商业银行存入中央银行的各种存款。属于（　　）类科目，其余额反映在借方。

A. 资产　　B. 负债

C. 资产负债共同　　D. 所有者权益

2. 商业银行向中央银行缴存款，包括一般性存款和（　　）。

A. 活期存款　　B. 定期存款

C. 储蓄存款　　D. 财政性存款

3. 在缴存财政性存款时，如果本次调整时的余额总数大于上次调整时的余额总额，应（　　）。

A. 减少金额　　B. 增加金额

C. 不变金额　　D. 增或减金额

4. （　　）贷款为短期贷款，一般期限为十天，最长不超过二十天。

A. 年度贷款　　B. 季节性贷款

C. 日拆性贷款　　D. 中长期贷款

5. “向中央银行借款”科目，对商业银行来说，是（　　）类科目。

A. 资产　　B. 负债

C. 资产负债共同类　　D. 损益

6. （　　）的目的是解决商业银行因办理票据贴现而引起资金不足的一种贷款形式，其期限不超过六个月，从再贴现之日起至贴现票据到期日止。

A. 贴现　　B. 转贴现

C. 再贴现　　D. 再贷款

二、综合练习

1. 模拟银行长沙市支行 6 月末各项存款余额调整缴存存款后，已缴财政性存款 5 500 000 元，已缴一般性存款 15 520 000 元。

7 月 10 日该银行各存款科目余额：

财政性存款 45 500 000 元

企业存款 28 300 000 元

储蓄存款 108 000 000 元

各种存款缴存比例为：财政性存款 100%，一般性存款 13%。请做出该行 7 月上旬的缴存处理。

2. 6 月 8 日，工商银行某市支行向人民银行借得日拆性资金 8 500 000 元，期限二十天，年利率为 6.5%。请简述贷款流程，并做工商银行和中央银行的会计处理。

3. 6 月 8 日，工商银行某支行向人民银行提交一张 50 万元的商业汇票办理再贴现。该汇票到期日为 7 月 20 日，假设再贴现利率为年 6.58%。请简述再贴现流程，并做工商银行和中央银行的会计处理。

项目七

账务报表业务

【学习目标】

了解银行会计账务处理流程。

◆

掌握银行会计分户账、销账式账页登记方法。

◆

掌握总账的登记、错账冲正方法。

◆

熟悉银行计息余额表、会计日计表编制方法。

◆

熟悉资产负债表、利润表的编制方法。

◆

掌握银行会计报告分析方法。

模块一　银行账务处理

相关基础知识

一、会计账务处理

会计核算形式又叫账务处理组织程序或记账程序，是账簿组织、记账程序和记账方法相互结合的方式。账簿组织是指账簿的种类、格式和各种账簿之间的相互关系；记账程序和记账方法是指凭证的整理、传递，账簿的登记，会计报表的编制程序和方法。

由于各个单位的经济业务性质和特点不尽相同，经济业务规模大小也不一样，因此设置的账簿，凭证的种类、格式和各种账簿之间的相互关系以及与之相适应的记账程序和方法也不一样。不同的账簿组织、记账程序和记账方法相互结合，就形成各种不同的会计核算形式。每个单位应结合自己的实际状况和具体条件，采用或设计适合自身经济业务性质和特点的会计核算形式。

选择科学、合理的会计账务处理程序是组织会计工作，进行会计核算的前提。虽然在实际工作中有不同的会计账务处理程序，但是它们都应符合以下三个要求：

1. 要适合本单位所属行业的特点，即在设计会计账务处理程序时，要考虑自身企业单位组织规模的大小，经济业务性质和简繁程度，同时，还要有利于会计工作的分工协作和内部控制。

2. 要能够正确、及时和完整地提供本单位的各方面会计信息，在保证会计信息质量的前提下，满足本单位各部门、人员和社会各有关相关行业的信息需要。

3. 适当的会计账务处理程序还应当力求简化，减少不必要的环节，节约人力、物力和财力，不断提高会计工作的效率。

二、银行会计账务组织体系

现代银行账务组织体系结构严密，保证核算资料系统准确，反映情况完整并符合经营管理的要求。对银行账务组织的要求：一是反映情况要完整，符合经营管理的需要；二是结构要严密，能够保证数字准确，账务记错通过对账也易于发现。合理的账户组织，对于准确、及时地处理账务，提高核算质量，推动银行业务工作，加强信贷、结算和现金管理，都有重要的意义。银行的账务组织，包括明细核算和综合核算两个系统。

1. 明细核算

明细核算是按账户反映各单位、各种资产负债增减变动的详细记载情况和数据，它是银行办理具体业务，维护资金和财产安全的重要手段。明细核算由分户账、登记簿、流水账、现金收入日记簿、现金付出日记簿、余额表组成。

（1）分户账

即活期存款明细账，是记录银行开户单位或个人明细账务的账户。根据会计凭证逐笔、按时间顺序、连续记载。目前分户账的格式有两种，一种是一般分户账，另一种是销账式分户账。一般分户账用于一般开户单位的账务记载，销账式分户账用于特殊账务记账。如长短款账务记载，就要用销账式分户账。

（2）登记簿

登记簿是明细核算中的一种辅助性账簿，是为了适应某些业务需要，起备忘、控制和管理作用而分户设置的辅助性账簿和账卡。账页格式无统一规定。

（3）流水账

流水账是每日按会计事项发生时间的先后顺序逐笔登记的明细记录。现代商业银行是计算机系统自动编制完成的。

（4）现金收入日记簿与现金付出日记簿

是逐笔记载现金收入与现金付出数额及现金传票张数的序时账簿，也是现金收付的明细记录。一般按照现金收付款项的先后顺序，并根据现金收入和付出传票逐笔登记。每日营业终了，按照所登收入与付出数额，结出本日现金额，与实物现金核对相符。

本日现金数额＝昨日现金数额＋本日收入金额－本日付出金额

（5）余额表

余额表是用来归集分户账余额的一种明细表，又叫计息余额表，在手工银行会计中，是计算利息的重要工具。计息余额表把每天每个客户的余额记录下来，然后10天小计相加，以此得出累计日积数之和。计算利息时，积数之和乘以日利率，即得出利息数额。

2. 综合核算

综合核算是各科目的总括记录，按科目核算。主要由科目日结单、总账、日计表组成。

（1）科目日结单

科目日结单是每一会计科目当天借、贷发生额和传票张数的汇总记录，是据以监督明细账户发生额，扎平当日账务的重要工具。

（2）总账

总账是综合核算的主要形式，是各科目的总括记录，是综合核算与明细核算相互核对及统驭分户账的主要工具，也是编制各种报表的依据。按科目设置总账。

（3）日计表

日计表是综合反映各科目当日发生额和余额的报表，是平衡当日全部账务的重要工具。

三、银行账务处理流程

1. 日常经济业务发生时，顾客或业务人员将原始凭证提交给前台柜员或会计人员。会计人员录入会计信息，并保存会计凭证。

2. 对文件凭证进行审核。如果审核通过，则对记账凭证作审核标记，否则，将审核未通过的凭证提交给录入人员。

3. 登记日记账，出纳人员根据收款凭证和付款凭证，登记现金日记账和银行存款日记账。

4. 登记各种明细账，一般单位根据业务量的大小设置各个会计岗位，即分别由多个财会人员登记多本明细账，如一个会计专门登记应收账款明细账；一个会计专门登记材料明细账等。

5. 根据科目汇总表登记总账，总账会计根据记账凭证定期汇总编制科目汇总表，根据科目汇总表登记总分类账。

6. 月末处理，由于总账、日记账、明细账分别由多个财会人员登记，不可避免地存在着这样或那样的错误。因此，每月月末，财会人员要进行对账，将日记账与总账核对，明细账与总账核对，做到账账相符。此外，财会人员月末还要进行结账，即计算会计账户的本期发生额和余额，结束账簿记录。

7. 根据企业银行账和银行对账单中的银行业务进行自动对账，并生成余额调节表。

8. 查询与生成报表，根据日记账、明细账和总账编制管理者所需的会计报表和内部分析表。

项目活动1　分户式账页登记

【业务名称】

为长沙客户长沙宏光有限责任公司登记分户账

【实例操作】

例【7－1－1】2021年6月30日，长沙宏光有限责任公司账户余额为236 000元，7月1日存入现金20 000元，开出转账支票18 000元，从工商银行转入货款24 000元，请登记7月1日分户账。

表7－1－1

模拟银行（西湖）支行

长沙宏光有限责任公司　分户账

账号：1201061204201204　　第3页

2021年		摘要	对方科目	借方	贷方	借或贷	余额
月	日						
7	1	承前页				贷	236 000.00
7	1	存现	现金		20 000.00	贷	256 000.00
7	1	转支	资金清算往来	18 000.00		贷	238 000.00
7	1	转入	资金清算往来		24 000	贷	262 000

现代商业银行分户账由电脑自动产生，柜员只需每天准确无误地录入每一笔业务。每月末，银行网点经办人员打印出本月分户账，要求对公客户对账，做银行存款余额调节表。如开有网上银行的对公客户，则要求财务人员每月在网上和银行对账。

下表为中国建设银行活期存款明细账

图 7 –1 –1

中国建设银行股份有限公司活期存款明细账

币种：人民币　账号：110010074000053013168　账户名称：北京蓝禾时代文化传播有限公司　日期：20130101-20151231　第2页

日期	凭证种类	凭证号码	摘要	对方户名	发生额		借贷	余额	交易流水号
					借方	贷方			
20130523			备用金		0.00	2,514.00	贷	1,466,279.80	
20130530			自定义	财库联网集中户	0.00	40,240.00	贷	1,506,519.80	210810750003BXUQW00
20130602			欠款补收		0.00	45,741.00	贷	1,552,260.80	
20130605			欠款补收		0.00	21,577.00	贷	1,573,837.80	
20130610	电子凭证		预付款	北京现代汽车有限公司	25,000.00	0.00	借	1,548,837.80	21081075MOQIJ032654
20130615	电子凭证		预付款	中国长安汽车集团股份有限公司	20,000.00	0.00	借	1,528,837.80	
20130621			结息		0.00	369.80	借	1,529,207.60	
20130630	电子凭证		预付款	上海缘一实业有限公司	20,000.00	0.00	借	1,509,207.60	
20130701			运费	北京市艳景运输队	22,720.00	0.00	借	1,486,487.60	
20130704	电子凭证		预付款	北京搜狐新时代信息技术有限公司	11,600.00	0.00	借	1,474,887.60	
20130708	电子凭证		预付款	杉杉品牌运营股份有限公司	20,744.00	0.00	借	1,454,143.60	
20130716	电子凭证		预付款	深圳市格雷斯服饰有限公司	20,352.01	0.00	借	1,433,791.59	
20130726	电子凭证		预付款	卡曼国际时装有限公司	20,325.00	0.00	借	1,413,466.59	
20130729			备用金		0.00	61,052.00	贷	1,474,518.59	
20130806			自定义	财库联网集中户	0.00	22,824.00	贷	1,497,342.59	
20130816			欠款补收		0.00	20,147.00	贷	1,517,489.59	210810750003BXUQW00
20130819			欠款补收		0.00	22,297.00	贷	1,539,786.59	
20130821	电子凭证		预付款	杉杉品牌运营股份有限公司	20,694.00	0.00	借	1,519,092.59	
20130822	电子凭证		预付款	武汉曼妮芬服装有限公司	29,857.00	0.00	借	1,489,235.59	21081075MOQIJ032654
20130826	电子凭证		预付款	浙江嘉欣丝绸股份有限公司	29,660.00	0.00	借	1,459,575.59	
20130827	电子凭证		预付款	上海缘一实业有限公司	21,680.00	0.00	借	1,437,895.59	21081MKMCOW00001245
20130828			尾款	时代（邯郸）装备机械物流城有限公司	0.00	1,400,000.00	贷	2,837,895.59	
20130907			自定义	财库联网集中户	0.00	26,827.00	贷	2,864,722.59	
20130917			欠款补收		0.00	40,870.00	贷	2,905,592.59	
20130919			欠款补收		0.00	27,747.00	贷	2,933,339.59	
20130921			结息		0.00	368.90	借	2,933,708.49	
20130928	电子凭证		预付款	杉杉品牌运营股份有限公司	21,858.00	0.00	借	2,911,850.49	
20130930	电子凭证		预付款	卡曼国际时装有限公司	21,558.00	0.00	借	2,890,292.49	

项目活动 2　计息余额表编制

【业务名称】

为单位客户长沙宏光有限责任公司编制计息余额表

【实例操作】

例【7 –1 –2】2021 年 7 月 31 日，长沙宏光有限责任公司余额为 95 000 元，6 月 21 日至本日计息积数为 123 678 000 元；假设 8 月上旬业务如下：8 月 2 日存入现金 40 000 元，8 月 4 日发放工资 105 000 元，8 月 8 日电子汇兑转入 190 000 元。请登记 8 月上旬的余额表。

表 7 –1 –2

模拟银行余额表

2021 年 8 月

户名 / 账号 / 日期	长沙宏光有限责任公司	××公司	××公司	××公司	××公司
	1201061204201204				
上月底止累计应计息积数	123 678 000				
8 月 1 日	95 000				

续表

户名 账号 日期	长沙宏光有限责任公司	××公司	××公司	××公司	××公司
	1201061204201204				
8月2日	135 000				
8月3日	135 000				
8月4日	30 000				
8月5日	30 000				
8月6日	30 000				
8月7日	30 000				
8月8日	220 000				
8月9日	220 000				
8月10日	220 000				
10天小计	1 145 000				
……					
20天小计					
……					
本月合计计息积数					
应加积数					
应减积数					
本月累计应计息积数					

计息余额表是登记单位每日的余额数，余额不变，也要登记。然后每10日余额相加小计，以此来计算利息。现代商业银行都实现了电脑自动计算计息积数，不再需要计息积数表来计算活期存款的利息。

项目活动3　科目日结单编制

【业务名称】

模拟银行西湖支行2021年8月31日科目日结单

【实例操作】

例【7－1－3】模拟银行西湖支行2021年8月31日发生的业务，分录如下：

1. 借：现金 12 000
   贷：活期存款 12 000
2. 借：资金清算往来 105 900
   贷：活期存款 105 900
3. 借：活期存款 200 000
   贷：短期贷款 200 000
4. 借：活期存款 187 000
   贷：资金清算往来 187 000
5. 借：活期存款 25 000
   贷：现金 25 000

做科目日结单如下：

活期存款 科目日结单				
日期 2021年8月31日				
凭证种类	借方		贷方	
	传票张数	金额	传票张数	金额
现金	1	25 000	1	12 000
转账	2	387 000	1	105 900
合计	6	412 000	5	117 900

清算资金往来 科目日结单				
日期 2021年8月31日				
凭证种类	借方		贷方	
	传票张数	金额	传票张数	金额
现金				
转账	1	105 900	1	187 000
合计	1	105 900	1	187 000

短期贷款 科目日结单				
日期 2021年8月31日				
凭证种类	借方		贷方	
	传票张数	金额	传票张数	金额
现金				
转账			1	200 000
合计			1	200 000

现金 科目日结单				
日期　2021年8月31日				
凭证种类	借方		贷方	
	传票张数	金额	传票张数	金额
现金	1	12 000	1	25 000
转账				
合计	1	12 000	1	25 000

汇总 科目日结单				
日期　2021年8月31日				
凭证种类	借方		贷方	
	传票张数	金额	传票张数	金额
现金	2	37 000	2	37 000
转账	3	492 900	3	492 900
合计	5	529 900	5	529 900

项目活动4　总账登记

【业务名称】

模拟银行西湖支行2021年8月31日总账登记业务

【实例操作】

例【7－1－4】2021年8月31日，模拟银行西湖支行银行柜员根据本日发生的业务做活期存款科目的总账登记。

8月31日活期存款科目总账如下表：

表7－1－3

模拟银行（西湖支行）　总账

科目代号：2001

科目名称：活期存款　　　　第1页

2021年8月	借方	贷方
上年底余额		21 240 000
本年累计发生额	2 112 346 000	2 112 201 000
上月底余额		21 095 000

续表

日期	发生额		余额		核对盖章
	借方	贷方	借方	贷方	复核员
8月1日					
…					
10天小计					
…					
20天小计					
…					
8月30日	…	…		19 240 000	
8月31日	412 000	117 900		18 945 900	
月计					
自年初累计					
会计：		复核：		记账：	

项目活动5　错账冲正

【业务名称】

为单位客户长沙宏光有限责任公司处理错账冲正业务

【实例操作】

例【7-1-5】2019年8月30日，模拟银行西湖支行长沙宏光有限责任公司发生一笔小额支付业务，从建设银行转入46 000元整，银行柜员串户到长沙中晨有限责任公司。8月31日发现错账，西湖支行柜员做冲正处理。

8月30日错误分录为：

借：小额支付往来　　46 000

　贷：活期存款——长沙中晨有限责任公司　　46 000

8月31日银企对账，发现错账，冲正如下：

借：活期存款——长沙中晨有限责任公司　　46 000（红字）

　贷：活期存款——长沙宏光有限公司　　46 000

商业银行发生错账，当日柜员发现错误的，在操作系统中有一个抹账处理操作，其原理是抹掉上笔业务，再记一笔正确的。如做了日终后，第二天后发现错误的，则不能做抹账处理，只能做冲正处理。

模块一　活动练习题

一、单项选择题

1. 以下属于明细核算的是（　　）。

A. 总账　　B. 科目汇总单

C. 日计表　　D. 余额表

2. 以下属于综合核算的是（　　）。

A. 科目汇总单　　B. 余额表

C. 分户账　　D. 流水账

3. 分户账分为一般分户账和（　　）。

A. 特殊分户账　　B. 销账式分户账

C. 总账分户账　　D. 三栏式分户账

4. 余额表是用来计算利息的，余额表中的累计积数和乘以（　　）得到利息。

A. 年利率　　B. 月利率

C. 日利率　　D. 季利率

5. 本年度中，银行会计错账冲正一般用（　　）方法冲正。

A. 同方向蓝字　　B. 同方向红字

C. 不同方向蓝字　　D. 不同方向红字

二、综合题

1. 2021 年 8 月 31 日，长沙中晨有限公司（账号 201909875）账户余额为 266 500 元，9 月 1 日存入现金 26 000 元，开出转账支票 28 000 元，从工商银行汇兑转入货款 56 400 元，从建设银行小额支付转入 48 000 元。请登记 9 月 1 日分户账。

表 7－1－4

模拟银行（西湖）支行

________________ 分户账

账号：　　　　　　　　　　第　　页

2021 年		摘要	对方科目	借方	贷方	借或贷	余额
月	日						

三、读余额表，计算下列四个公司的利息。(活期年利率为 0.35%)

表 7-1-5

模拟银行余额表

2021 年 9 月

户名 / 账号 / 日期	AA 公司	BB 公司	CC 公司	DD 公司
	20 110 001	20 110 002	20 110 003	20 110 004
上月底止累计应计息积数	323 978 000	23 478 900	562 050 000	487 048 000
	…	…	…	…
10 天小计	9 890 000	789 000	12 500 780	34 800 000
	…	…	…	…
20 天小计	8 900 000	584 000	14 980 000	35 190 000
	…	…	…	…
本月合计计息积数				
应加积数	0	0	56 000	0
应减积数	0	0	0	56 000
本月累计应计息积数				
合计计息积数				
利息数额				

模块二　银行会计报表处理

相关基础知识

银行会计报表是指银行定期对其综合核算和明细核算资料进行系统地归类、整理和汇总并记入规定表式的书面报告。其作用表现在：检查监督日常会计核算工作，综合反映银行业务经营活动和财务收支情况；检查政策执行情况和考核计划进度，综合反映国民经济情况。专业银行会计报表主要分为日计表、月计表、半年报表和决算报表四种。日计表是按日根据各科目总账编制的会计报表，由各基层行处使用，不需上报。月计表按月编制，每月终了根据各科目总账的上月余额、本月发生额合计和本月末余额各栏数字填列。

一、日计表

是指每日编制的试算平衡表，反映银行每日的业务状况，也叫银行业务状况表。是金融企业会计中的一个专有名词，是反应当天全部金融业务活动的会计报表，也是扎平当天全部账务的重要工具。银行每日都要根据会计分录记账，天天都要编制余额试算表，来验证总账记录是否正确，并反映损益发生和财产增减的概貌。因此，试算平衡表就是指这种日计表。

日计表在采用现金式传票制度时，把一天的传票按照每个会计科目分别借方和贷方汇总，记入总账。为此，可以使用日记账，但在很多场合下利用日计表来代替日记账。其日计表的形式则和上列格式不同，而和合计试算表相同。这种日计表的设置是为了正确记录总账上各个账户的借方合计数和贷方合计数，该表可以说是试算表，但说它是汇总分录账更恰当一些。在借贷分录式传票度制下，无须设置总账，只要把一天的传票按照每个会计科目分别借、贷方归集汇总，记入试算表（即日计表）就行。这种试算表代替了总账，因而叫作日计总账。

二、月计表

是指每月编制的试算平衡表，是反应当月全部金融业务活动的会计报表，也是扎平当月全部账务的重要工具。月计表是每天日计表的汇总。

三、半年报表

银行每年六月底编制的会计报表。反映银行上半年的业务活动和财务收支情况，为研究和指导下半年工作提供依据。由基层营业行、处根据总账各科目的上年末余额、当年一至六月的累计发生额和六月末余额填制，并按规定时间顺序逐级汇总上报上级主管行。

四、财务会计报告

银行和其他企业一样，在月底、季末都要出具财务会计报告，财务会计报告主要由资产负债表、损益表、现金流量表、银行业务状况表等，会计报表附注和财务情况说明书组成，可以反映公司财务状况。

五、年终决算报告

银行年度决算是在年度终了时根据日常的会计核算资料对会计年度内银行业务活动和财务收支状况所进行的全面系统的数字总结。通过决算报表和有关文字说明，可以全面反映银行在整个会计年度内的业务状况和经营成果。我国银行以每年 1 月 1 日至 12 月 31 日为一个会计年度，并规定每一会计年度办理一次决算，每年 12 月 31 日为银行的年度决算日。

凡独立核算的会计单位，如总行、分行、支行和城市办事处等，都必须按规定办理年度决算；非独立核算的附属会计单位，如分理处和营业所，也应通过并账或并表方式，由管辖支行合并办理年度决算；各独立会计单位的决算报表填制完毕之后，逐级汇总报上级行，办理全行的汇总决算；中国人民银行总行汇总各专业银行决算报表，编成全国统一的决算报表。

1. 银行的账目非常多。在 12 月 31 日，网点现金账、实物账、日记账、分户账、柜员账、网点账……所有的账目都得结转平衡。支行、分行会计部门账务也得平衡，处理起来也很复杂。通常情况下，企业会计科目表大概有150多个科目，常用的大概就一二十个科目；而银行的会计科目表有700多个科目，并且大部分都会用到。

2. 银行的机构体系很庞大。银行结账，需要运营、会计、风险、科技等若干个条线相互配合，需要总行、分行、支行各层级逐级上报。体系庞大，就难免会有操作失误或者分工不清或者相互扯皮的现象，把这么多人这么多事协调在一起，大家得步调一致。

3. 需要手工调整。因为某些原因，需要把已经做好的或者系统自动生成的账目手工调整一下，而这种调整往往牵一发而动全身。

项目活动1　日计表编制

【业务名称】

模拟银行西湖支行2021年8月31日日计表编制

【实例操作】

例【7－2－1】模拟银行西湖支行2021年8月31日的日计表。8月31日发生业务（见模块一的项目活动3）。

表7－2－1

日计表

2021年8月31日

科目		上日余额		本日发生额		本日余额	
代号	名称	借方	贷方	借方	贷方	借方	贷方
1101	现金	250 000		12 000	25 000	237 000	
1101	存入中央银行款项	200 000				200 000	
1203	短期贷款	300 000			200 000	100 000	
2001	活期存款		750 000	412 000	117 900		455 900
3001	清算资金往来			105 900	187 000		81 100
合计		750 000	750 000	529 900	529 900	537 000	537 000

【业务名称】

模拟银行西湖支行业务状况报告表

【实例操作】

例【7－2－2】模拟银行西湖支行业务状况报告表

表 7－2－2

银行业务状况报告表

编制单位：　　　　　　　　　　年　月　日　　　　　　　　　　单位：元

科目代号	科目名称	期初余额		本期发生额		期末余额	
		借方	贷方	借方	贷方	借方	贷方
	一、资产类						
	…						
	二、负债类						
	…						
	三、所有者权益						
	…						
	四、资产负债共同类						
	…						
	五、损益类						
	…						
	表内合计						
	六、表外类						
	（一）或有事项类						
	（二）委托代理类						
	（三）备查登记类						

项目活动 2　资产负债表

【业务名称】

模拟银行西湖支行资产负债表

【实例操作】

例【7－2－3】模拟银行西湖支行资产负债表

表7-2-3

资产负债表

编制单位：西湖银行 年 月 日 单位：元

资产	期初数	期末数	负债及所有者权益	期初数	期末数
现金及银行存款			短期存款		
贵金属			短期储蓄存款		
存放中央银行款项			财政性存款		
存放同业款项			向中央银行借款		
存入联行款项			同业存放款项		
拆放同业			联行存放款项		
拆放金融性公司			同业拆入		
短期贷款			金融性公司拆入		
其中：抵押质押贷款			存入短期保证金		
应收进出口押汇			应解汇款		
应收利息			汇出汇款		
其他应收款			其他应付款		
贴现			应付工资		
短期投资			应付福利费		
其中：国库券			应交税金		
待处理流动资产净损益			预提费用		
其他流动资产			发行短期债券		
流动资产合计			一年内到期的长期负债		
中长期贷款			其他流动负债		
其中：抵押、质			**流动负债合计**		
逾期贷款			长期存款		
减：贷款损失准备			长期储蓄存款		
长期投资			存入长期保证金		
其中：国库券			发行长期债券		
固定资产原值			长期应付款		
减：累计折旧			其他长期负债		
固定资产净值			**长期负债合计**		
固定资产清理			**负债合计**		
在建工程			实收资本		
无形资产			资本公积		
待处理固定资产净损失			盈余公积		
其他长期资产			其中：公益金		
递延资产			未分配利润		
长期资产合计			**所有者权益合计**		
资产总计			**负债及所有者权益合计**		

项目活动3　利润表

【业务名称】

模拟银行西湖支行利润表

【实例操作】

例【7－2－4】模拟银行西湖支行利润表

表7－2－4

利润表

编制单位：　　　　　　　　　　年　月　日　　　　　　单位：元

项目	行次	本期数	本年累计数
一、主营业务收入	1		
减：主营业务成本	2		
二、主营业务利润	3		
加：其他营业利润	4		
投资收益	5		
减：营业费用	6		
三、营业利润	7		
加：营业外收入	8		
减：营业税金及附加	9		
营业外支出	10		
四、扣除损失前利润总额	11		
减：贷款损失及减值准备	12		
五、扣除损失后利润总额	13		
减：所得税	14		
六、净利润	15		

利润分配表

编制单位：　　　　　　　　　　年　月　日　　　　　　单位：元

一、净利润	1	本年实际	上年实际
加：年初未分配利润	2		
二、可供分配利润	3		
加：盈余公积补亏	4		
减：提取盈余公积	5		
应付利润	6		
三、期末未分配利润	7		

模块二　活动练习题

一、2021 年 1 月 4 日，假设模拟银行西湖支行第一天开张，发生如下业务：

1. 借：现金　　　　　　　　300 000

　　贷：资金清算往来　　　　300 000

2. 借：现金　　　　　　　　80 000

　　贷：单位活期存款——A 公司　80 000

3. 借：现金　　　　　　　　10 000

　　贷：活期储蓄存款——张红　　10 000

日计表（业务状况表）

2020 年 1 月 4 日

科目名称	上日余额		本日发生额		本日余额	
	借方	贷方	借方	贷方	借方	贷方
	0	0				
	0	0				
	0	0				
	0	0				
	0	0				
合计						

二、2021 年 1 月 5 日，模拟银行西湖支行发生如下业务：

1. 借：现金　　　　　　　　20 000

　　贷：活期储蓄存款——王山　　20 000

2. 借：单位活期存款——A 公司　　5 000

　　贷：现金　　　　　　　　5 000

3. 借：单位活期存款——A 公司　　50 000

　　贷：单位定期存款——A 公司　　50 000

4. 借：活期储蓄存款——张红　　5 000

　　贷：现金　　　　　　　　5 000

日计表（业务状况表）

2021 年 1 月 5 日

科目名称	上日余额		本日发生额		本日余额	
	借方	贷方	借方	贷方	借方	贷方
合计						

附：业务状况报告表财会产品号、科目号。

中国农业银行业务状况报告表（部分）

编制单位：×××银行

日期：20201231

报表类型：年报

财会产品号	财会产品名称	会计科目号	会计科目名称
10101	库存现金（A）	A001	库存现金
10201	运送中现金（A）	A002	运送中现金
10301	银行存款（A）	A006	银行存款
11102	缴存央行超额准备金（A）	A012	存放中央银行超额存款准备金
11103	缴存央行财政性存款（A）	A013	存放中央银行财政性款项
N0803	存放一级分行清算资金	A051	存放一级分行款项
12201	缴存一级分行准备金（A）	A051	存放一级分行款项
12204	存放一级分行清算资金（A）	A051	存放一级分行款项
N0903	存放二级分行清算资金	A052	存放二级分行款项
12304	存放二级分行清算资金（A）	A052	存放二级分行款项
N1001	存放支行清算资金	A053	存放支行款项
12402	存放支行清算资金（A）	A053	存放支行款项
N2905	调拨周转金	A071	拨付周转金

续表

财会产品号	财会产品名称	会计科目号	会计科目名称
N3201	投资系统内公开市场产品	A072	投资系统内公开市场业务本金
39198	外汇营运资金占款（A）	A075	外汇营运资金占款
37133	应收总行地方政府定向债券投资（A）	A083	系统内其他业务应收款
L0407	短期小企业简式快速贷款	A170	对公流动资金贷款应计正常息
L0409	短期对公一般流动资金贷款	A170	对公流动资金贷款应计正常息
L0411	短期微捷贷	A170	对公流动资金贷款应计正常息
L1407	中期对公其他流动资金贷款	A170	对公流动资金贷款应计正常息
L1408	中期对公一般流动资金贷款	A170	对公流动资金贷款应计正常息
L1608	中期城市综合建设贷款	A174	对公固定资产贷款应计正常息
L2308	长期对公其他一般固定资产贷款	A174	对公固定资产贷款应计正常息
L2309	长期其他基建贷款	A174	对公固定资产贷款应计正常息
L2507	长期园区基础设施建设贷款	A174	对公固定资产贷款应计正常息
L2508	长期城市综合建设贷款	A174	对公固定资产贷款应计正常息
L2510	长期其他城市基础设施贷款	A174	对公固定资产贷款应计正常息
L2841	长期对公固定资产银团贷款	A174	对公固定资产贷款应计正常息
L2846	长期对公基础设施银团贷款	A174	对公固定资产贷款应计正常息
L0560	短期房屋建筑业贷款	A189	对公其他贷款应计正常息
L0561	短期铁路、道路、隧道、桥梁工程建筑贷款	A189	对公其他贷款应计正常息
L9612	汇款项下订单融资	A196	国际贸易融资应计正常息
L9643	汇款项下出口信保押汇	A196	国际贸易融资应计正常息
L9692	出口商业发票融资	A196	国际贸易融资应计正常息
L0407	短期小企业简式快速贷款	A200	对公流动资金贷款应计罚息
L0409	短期对公一般流动资金贷款	A200	对公流动资金贷款应计罚息
L2308	长期对公其他一般固定资产贷款	A204	对公固定资产贷款应计罚息
L9612	汇款项下订单融资	A224	国际贸易融资应计罚息
L0407	短期小企业简式快速贷款	A228	对公流动资金贷款应计复利
L0409	短期对公一般流动资金贷款	A228	对公流动资金贷款应计复利

续表

财会产品号	财会产品名称	会计科目号	会计科目名称
L0407	短期小企业简式快速贷款	A258	对公流动资金贷款应收利息
L0409	短期对公一般流动资金贷款	A258	对公流动资金贷款应收利息
L0411	短期微捷贷	A258	对公流动资金贷款应收利息
L1407	中期对公其他流动资金贷款	A258	对公流动资金贷款应收利息
L1408	中期对公一般流动资金贷款	A258	对公流动资金贷款应收利息
L1608	中期城市综合建设贷款	A262	对公固定资产贷款应收利息
L2308	长期对公其他一般固定资产贷款	A262	对公固定资产贷款应收利息
L2309	长期其他基建贷款	A262	对公固定资产贷款应收利息
L2507	长期园区基础设施建设贷款	A262	对公固定资产贷款应收利息
L2508	长期城市综合建设贷款	A262	对公固定资产贷款应收利息
L2510	长期其他城市基础设施贷款	A262	对公固定资产贷款应收利息
L2841	长期对公固定资产银团贷款	A262	对公固定资产贷款应收利息
L2846	长期对公基础设施银团贷款	A262	对公固定资产贷款应收利息
L5311	中期个人房抵贷消费贷款	A269	零售贷款应收利息减值准备
L5502	中期个人一手房贷款	A269	零售贷款应收利息减值准备
L6001	长期个人一手商业用房贷款	A269	零售贷款应收利息减值准备
L6105	长期个人房抵贷经营贷款	A269	零售贷款应收利息减值准备
L6209	长期个人房抵贷消费贷款	A269	零售贷款应收利息减值准备
L6302	长期个人一手房贷款	A269	零售贷款应收利息减值准备
L6309	长期个人一手房农民安家贷	A269	零售贷款应收利息减值准备
L7051	短期农户小额贷款	A269	零售贷款应收利息减值准备
L7241	中期农村个人生产经营贷款	A269	零售贷款应收利息减值准备
L7441	长期农户小额贷款	A269	零售贷款应收利息减值准备
L0561	短期铁路、道路、隧道、桥梁工程建筑贷款	A279	对公其他贷款应收利息
L9612	汇款项下订单融资	A284	国际贸易融资应收利息
L9643	汇款项下出口信保押汇	A284	国际贸易融资应收利息
L9692	出口商业发票融资	A284	国际贸易融资应收利息

续表

财会产品号	财会产品名称	会计科目号	会计科目名称
L4501	短期个人自建房贷款	A300	个人住房贷款应计复利
L5502	中期个人一手房贷款	A300	个人住房贷款应计复利
L5508	中期个人一手房农民安家贷	A300	个人住房贷款应计复利
L5599	中期个人其他住房贷款	A300	个人住房贷款应计复利
L6301	长期个人自建房贷款	A300	个人住房贷款应计复利
L6302	长期个人一手房贷款	A300	个人住房贷款应计复利
L6304	长期个人房抵贷购房贷款	A300	个人住房贷款应计复利
L6307	长期解放军军人住房公积金贷款	A300	个人住房贷款应计复利
L6308	长期武警部队军人住房公积金贷款	A300	个人住房贷款应计复利
L6309	长期个人一手房农民安家贷	A300	个人住房贷款应计复利
L6311	长期消防部队军人住房公积金贷款	A300	个人住房贷款应计复利
L6313	长期边防部队军人住房公积金贷款	A300	个人住房贷款应计复利
L4301	短期个人综合消费贷款	A304	个人消费贷款应计复利
L4304	短期个人存单质押消费贷款	A304	个人消费贷款应计复利
L4309	短期个人房屋装修消费贷款	A304	个人消费贷款应计复利
L4317	短期个人理财产品质押消费贷款	A304	个人消费贷款应计复利
L4320	短期个人自助小额消费贷款	A304	个人消费贷款应计复利
L5003	中期个人自用一手车贷款	A304	个人消费贷款应计复利
L5304	中期个人存单质押消费贷款	A304	个人消费贷款应计复利
L5311	中期个人房抵贷消费贷款	A304	个人消费贷款应计复利
L5318	中期个人大额耐用消费品贷款	A304	个人消费贷款应计复利
L5319	中期个人房屋装修消费贷款	A304	个人消费贷款应计复利
L5904	中期个人薪资保障贷款	A304	个人消费贷款应计复利
L6209	长期个人房抵贷消费贷款	A304	个人消费贷款应计复利
L6211	长期个人房屋装修消费贷款	A304	个人消费贷款应计复利
L4203	短期个人存单质押经营贷款	A310	个人生产经营贷款应计复利
L4206	短期个人助业贷款	A310	个人生产经营贷款应计复利

续表

财会产品号	财会产品名称	会计科目号	会计科目名称
L4210	短期个人房抵贷经营贷款	A310	个人生产经营贷款应计复利
L5101	中期个人一手商业用房贷款	A310	个人生产经营贷款应计复利
L5206	中期个人助业贷款	A310	个人生产经营贷款应计复利
L5208	中期个人商业物业抵押生产经营贷款	A310	个人生产经营贷款应计复利
L5212	中期个人房抵贷经营贷款	A310	个人生产经营贷款应计复利
L6001	长期个人一手商业用房贷款	A310	个人生产经营贷款应计复利
L6004	长期个人商业物业抵押购房装修贷款	A310	个人生产经营贷款应计复利
L6101	长期个人助业贷款	A310	个人生产经营贷款应计复利
L6103	长期个人商业物业抵押生产经营贷款	A310	个人生产经营贷款应计复利
L6105	长期个人房抵贷经营贷款	A310	个人生产经营贷款应计复利
L4299	短期个人其他生产经营贷款	A319	个人其他贷款应计复利
L5299	中期个人其他生产经营贷款	A319	个人其他贷款应计复利
L6199	长期个人其他生产经营贷款	A319	个人其他贷款应计复利
L7041	短期农村个人生产经营贷款	A319	个人其他贷款应计复利
L7051	短期农户小额贷款	A319	个人其他贷款应计复利
L7061	短期个人其他涉农贷款	A319	个人其他贷款应计复利
L7241	中期农村个人生产经营贷款	A319	个人其他贷款应计复利
L7251	中期农户小额贷款	A319	个人其他贷款应计复利
L7261	中期个人其他涉农贷款	A319	个人其他贷款应计复利
L7431	长期农村个人生产经营贷款	A319	个人其他贷款应计复利
L7441	长期农户小额贷款	A319	个人其他贷款应计复利
L5502	中期个人一手房贷款	A320	个人住房贷款应计正常息
L5508	中期个人一手房农民安家贷	A320	个人住房贷款应计正常息
L5599	中期个人其他住房贷款	A320	个人住房贷款应计正常息
L6301	长期个人自建房贷款	A320	个人住房贷款应计正常息
L6302	长期个人一手房贷款	A320	个人住房贷款应计正常息
L6303	长期个人二手房贷款	A320	个人住房贷款应计正常息

续表

财会产品号	财会产品名称	会计科目号	会计科目名称
L6304	长期个人房抵贷购房贷款	A320	个人住房贷款应计正常息
L6307	长期解放军军人住房公积金贷款	A320	个人住房贷款应计正常息
L6308	长期武警部队军人住房公积金贷款	A320	个人住房贷款应计正常息
L6309	长期个人一手房农民安家贷	A320	个人住房贷款应计正常息
L6311	长期消防部队军人住房公积金贷款	A320	个人住房贷款应计正常息
L6313	长期边防部队军人住房公积金贷款	A320	个人住房贷款应计正常息
L4304	短期个人存单质押消费贷款	A324	个人消费贷款应计正常息
L4305	短期个人凭证式国债质押消费贷款	A324	个人消费贷款应计正常息
L4315	短期个人房抵贷消费贷款	A324	个人消费贷款应计正常息
L4317	短期个人理财产品质押消费贷款	A324	个人消费贷款应计正常息
L4320	短期个人自助小额消费贷款	A324	个人消费贷款应计正常息
L4805	短期个人薪资保障贷款	A324	个人消费贷款应计正常息
L5003	中期个人自用一手车贷款	A324	个人消费贷款应计正常息
L5304	中期个人存单质押消费贷款	A324	个人消费贷款应计正常息
L5311	中期个人房抵贷消费贷款	A324	个人消费贷款应计正常息
L5319	中期个人房屋装修消费贷款	A324	个人消费贷款应计正常息
L5904	中期个人薪资保障贷款	A324	个人消费贷款应计正常息
L6209	长期个人房抵贷消费贷款	A324	个人消费贷款应计正常息
L6211	长期个人房屋装修消费贷款	A324	个人消费贷款应计正常息
L8501	个人贷记卡透支	A327	个人信用卡透支应计正常息
L8502	个人准贷记卡透支	A327	个人信用卡透支应计正常息
L4202	短期个人储蓄国债质押经营贷款	A330	个人生产经营贷款应计正常息
L4203	短期个人存单质押经营贷款	A330	个人生产经营贷款应计正常息
L4206	短期个人助业贷款	A330	个人生产经营贷款应计正常息
L4210	短期个人房抵贷经营贷款	A330	个人生产经营贷款应计正常息
L4213	短期个人理财产品质押经营贷款	A330	个人生产经营贷款应计正常息
L4219	短期个人自助小额经营贷款	A330	个人生产经营贷款应计正常息

续表

财会产品号	财会产品名称	会计科目号	会计科目名称
L5101	中期个人一手商业用房贷款	A330	个人生产经营贷款应计正常息
L5206	中期个人助业贷款	A330	个人生产经营贷款应计正常息
L5208	中期个人商业物业抵押生产经营贷款	A330	个人生产经营贷款应计正常息
L5211	中期个人存单质押经营贷款	A330	个人生产经营贷款应计正常息
L5212	中期个人房抵贷经营贷款	A330	个人生产经营贷款应计正常息
L6001	长期个人一手商业用房贷款	A330	个人生产经营贷款应计正常息
L6004	长期个人商业物业抵押购房装修贷款	A330	个人生产经营贷款应计正常息
L6101	长期个人助业贷款	A330	个人生产经营贷款应计正常息
L6103	长期个人商业物业抵押生产经营贷款	A330	个人生产经营贷款应计正常息
L6105	长期个人房抵贷经营贷款	A330	个人生产经营贷款应计正常息
L7041	短期农村个人生产经营贷款	A339	个人其他贷款应计正常息
L7051	短期农户小额贷款	A339	个人其他贷款应计正常息
L7052	短期金穗快农贷	A339	个人其他贷款应计正常息
L7241	中期农村个人生产经营贷款	A339	个人其他贷款应计正常息
L7251	中期农户小额贷款	A339	个人其他贷款应计正常息
L7431	长期农村个人生产经营贷款	A339	个人其他贷款应计正常息
L7441	长期农户小额贷款	A339	个人其他贷款应计正常息
L4501	短期个人自建房贷款	A340	个人住房贷款应收利息
L4502	短期个人一手房贷款	A340	个人住房贷款应收利息
L5501	中期个人自建房贷款	A340	个人住房贷款应收利息
L5502	中期个人一手房贷款	A340	个人住房贷款应收利息
L5508	中期个人一手房农民安家贷	A340	个人住房贷款应收利息
L5599	中期个人其他住房贷款	A340	个人住房贷款应收利息
L6301	长期个人自建房贷款	A340	个人住房贷款应收利息
L6302	长期个人一手房贷款	A340	个人住房贷款应收利息
L6303	长期个人二手房贷款	A340	个人住房贷款应收利息
L6304	长期个人房抵贷购房贷款	A340	个人住房贷款应收利息

续表

财会产品号	财会产品名称	会计科目号	会计科目名称
L6307	长期解放军军人住房公积金贷款	A340	个人住房贷款应收利息
L6308	长期武警部队军人住房公积金贷款	A340	个人住房贷款应收利息
L6309	长期个人一手房农民安家贷	A340	个人住房贷款应收利息
L6311	长期消防部队军人住房公积金贷款	A340	个人住房贷款应收利息
L6313	长期边防部队军人住房公积金贷款	A340	个人住房贷款应收利息
L4301	短期个人综合消费贷款	A344	个人消费贷款应收利息
L4304	短期个人存单质押消费贷款	A344	个人消费贷款应收利息
L4305	短期个人凭证式国债质押消费贷款	A344	个人消费贷款应收利息
L4306	短期个人其他质押消费贷款	A344	个人消费贷款应收利息
L4309	短期个人房屋装修消费贷款	A344	个人消费贷款应收利息
L4315	短期个人房抵贷消费贷款	A344	个人消费贷款应收利息
L4317	短期个人理财产品质押消费贷款	A344	个人消费贷款应收利息
L4320	短期个人自助小额消费贷款	A344	个人消费贷款应收利息
L4399	短期个人其他消费贷款	A344	个人消费贷款应收利息
L4805	短期个人薪资保障贷款	A344	个人消费贷款应收利息
L5003	中期个人自用一手车贷款	A344	个人消费贷款应收利息
L5304	中期个人存单质押消费贷款	A344	个人消费贷款应收利息
L5311	中期个人房抵贷消费贷款	A344	个人消费贷款应收利息
L5318	中期个人大额耐用消费品贷款	A344	个人消费贷款应收利息
L5319	中期个人房屋装修消费贷款	A344	个人消费贷款应收利息
L5321	中期个人综合消费贷款	A344	个人消费贷款应收利息
L5399	中期个人其他消费贷款	A344	个人消费贷款应收利息
L5904	中期个人薪资保障贷款	A344	个人消费贷款应收利息
L6209	长期个人房抵贷消费贷款	A344	个人消费贷款应收利息
L6211	长期个人房屋装修消费贷款	A344	个人消费贷款应收利息

参考文献

[1] 董瑞丽．商业银行综合柜台业务．高等教育出版社，2016 年．

[2] 吴胜．商业银行会计．高等教育出版社，2016 年．

[3] 深圳市智盛信息技术有限公司．全国职业院校技能竞赛“银行业务综合技能竞赛”题库，2018 年．